私《わたし》は赤《あか》さん

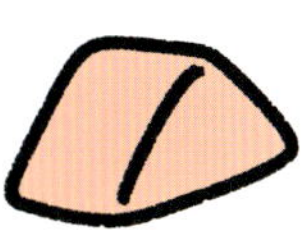

uwabami

Gakken

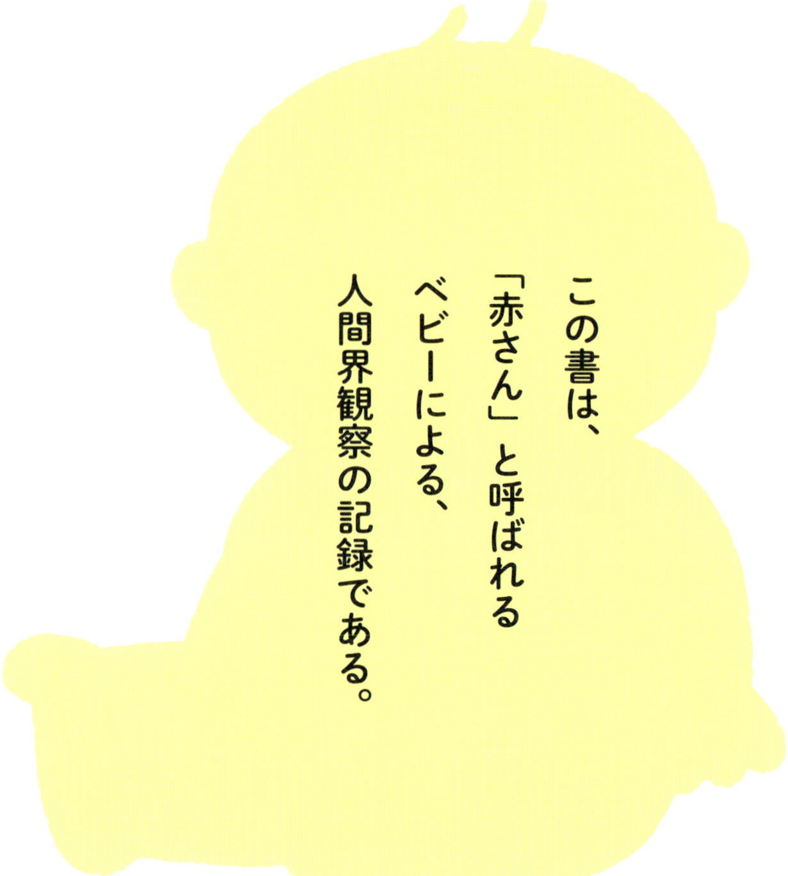

この書は、
「赤さん」と呼ばれる
ベビーによる、
人間界観察の記録である。

名はまだない

初めて外界を知る！

どうも、私は赤さん。
名前は、まだない。
ちょっと前までは、あったかい水の中にぷかぷか浮いてて、たいそう あんばいが良かった。
しかし、今はー
外界にいる。肌で風を感じる。んでちょっと寒い。
そして、口という穴で息もしている。
ハァ ハァ
ハァ ハァ ハァ
正直、息するのめんどい…。
外界の民は、これをずっとやってるらしい。スゲェナ〜。
そして私はこれから、この家庭で暮らすらしい…。
ヤッホ〜
エヘヘ
さっき分かったのだが、この家庭の人々はー
「エオ」って言うと、喜ぶようだ…。
エオ〜
キャ キャ キャ キャ
ゲヘヘ
ほらね。

登場人物

赤さん（弟くん）

この本の主人公。
独自の視点で
この世を観察している。
自称「グルメっ子」。

姉（エオちゃん）

赤さんの三歳年上。
ひょうきんで家族が大好き。
幼稚園では社交界の女王と
いわれている。

夫婦で「uwabami」という
アートユニットで活動している。
制作も育児も楽しみたい欲張り二人組。

父

主にこの漫画を
描いている。
料理も好きで
スパイスを
乱用しがち。

母

家族の幸せについて
いつも考えている。
「おもしろそうなことが
あったら即行動！」。
我が家の原動力。

名はやっと決まった

だんだん世界に慣れてきた。

どうも、私は赤さん。
名は、やっと決まった。
ごきげんよう
この家庭に来て、早十日。
だんだん慣れてきた。
いいゆ
どうやら、この家庭には、私に食べ物をたくさんくれる
「母」という存在と―
その母に食べ物を作る「父」という存在。
今日は肉野菜いためね！
あと、期間限定助っ人、「ばあちゃん」という存在もいる。
せんたくはまかせて
コインランドリーも行くぜ～
そして、一番気になっているのが
「姉」という存在である。
ゴゴゴゴゴ
何かとうるさいし、
とにかく「近い」。
イェーイ
ドタドタ
エ～
ハァハァ
しかもたまに痛い…。
グリグリ
グリ
ヘィ
ヘーイ
あたたた
ヤメレ！
私が立派な人間になるまでにたくさんシゴかれそうである。

二人目の運命

ふて寝。

どうも、私は赤さん。
好きな食べ物は母乳。
私の主な仕事は、
ホギャ
ホギャ
「泣くこと。」
私はまだ喋ることができないので
ぐく
お腹がへったり、おしっこをした時には、
あ
じゅわ〜
泣くことにしている。
オギャ〜
おまたきもちわるい〜
だが—
見てのとおり、さっきから
オギャ
エオ
エオ〜
結構泣いている。
そうか、そうか…。
いそがし
いそがし
二人目の子となると、親の反応も鈍いようだ。
疲れた…。
うう
そろそろ寝るとするか…
むねん
ごめん！ごめん!!
遅くなった!!
あ、寝ちゃったか〜
zzz

新生児卒業

えっ！　もう新生児終わり？　早すぎ！

私は赤さん。
今日で新生児卒業。
生まれて一ヶ月…。
人生とは、なんて速さで過ぎ去っていくのであろうか…。
いかん いかん
感傷にひたってしまった…
さて、今日は一丁前に、大人が入る大きい風呂に入るようだ。
今、母が慎重に運んでくれている。
イヤ～
ポチャ
あ～
きもちいい
ごくらく
ズン
いいゆ～
ズンズン
ズズズン
なに!? この気配
ブチュ
チュ
ブチュ
ブチュ
わ～ ブチュの嵐!!
これ毎回やるの～!?

グルメ

満たされると出ちゃうよね。笑みが…。

私は赤さん。
グルメっ子な私は、一日10回以上食事をする。
まずは、おっぱいをたしなみー
ゴクゴク
次は、ミルク。
この流れが最近のお気に入りである。
ここまでいくともうかなりお腹いっぱい。
うぷ
満たされると出ちゃうよね。
ニコ
笑みが…。
満腹で気分がよい。
うとうと
ダダダ
ダダダダダダ
私がスキを見せるとすぐ来るのである。
姉が、、、。
アハハハ
コップのっけたー
ゲヘヘヘ
ヒャーアハハハ
ん、もうヤメレ
早く自分で動けるようになりたいものである。

姉の受難、自業自得ともいう

たて揺れが好み。

私は赤さん。
たて揺れが好み。不思議と落ちつく。
だけど、家族のみんなはイマイチ分かってくれてない
もう一ヶ月以上も一緒に暮らしてるのに…
ギャー
床に置くな～
バウンサーもちがうってばちゃうちゃう
確かに、たて揺れだけど、
だっこされながらがいいのだ～。
ブー
ハッ
来た!!
エヘヘヘ
あ゛～
あ゛
ヤメレ
エオちゃん、それは本当にやめてちょうだい!!
それでもやめない姉…。
アハハ
ボイン
ボイン
ゴツーン
ちー!!
ヘッ
ギャー
ぶつけた
自業自得である。

姉の様子がヘンである

いつもの威勢は、どこへやら。

私は 赤さん。
いつも元気いっぱいなはずの姉の様子がヘンである。
どうやら姉は「風邪」というものに取り憑かれているらしい。
ヴヴ
食も進まず、やわらかいものばかり食している。
たべさしてー
バナナ
ヨーグルト
見るからにポヤポヤしてて空《くう》を見ているかんじ。
いつもの威勢はどこへやら。
ドタドタ
ドタドタ
ドタドタ
フム
ないはないでさびしいものである
どれ、たまには励ましてやるとするか。
フー
エオ〜〜
(ファイト)
ポ
かわいい〜
がんばれ姉、早く遊ぼ!!

発見！

私は今、研究に忙しい。

キラーン
私は赤さん。
私は今、研究に忙しい。
今、この丸くてやわらかいものを調査中である。
非常にプニプニしているし、私が思いを込めると、そのように動いてくれてる気がする。
フム
そして、かじるとちょっとイタい。
ガブ
イテ!!
あと、もう一つすごく気になっているものがある。
フガ
フガ
目と目、口の間にある息をするとフンフンいうところ。
近過ぎて見えないんだが確実に何かあるのだ。
見たくて、見たくてしょうがない!!
でも見えない!!
ふんぬー!!!
ゴゴゴゴゴ
なんか弟くんけわしいね。
ケケケ
フンガ
フガ
フガ
フンガ
フガフガ

プニッとしてほしい

父は結構イタイ…。

私は赤さん。
まだ首はすわっていない。
首がすわる…なかなかおもしろい表現である。
アハハハ
よいしょ
生まれてもうすぐ2ヶ月。
祝60日
だんだん首に力が入るようになってきた。
自分でも動かせる。
ほら。
うんしょ
ドヤ
でも、抱っこの時はまだ心許なくて…
ゴツン
親に頭突きをしてしまう。
正直そこそこ痛い。
母はプニッとしているのでまだマシだがー
父は結構イタい…。
あ〜ゴメンゴメン
ゴツン
父もどうにかして、プニッとしてほしいものである。

束の間の2人きり

母ってあったかい…。

私は赤さん。
♪
私はまだ、考えを口にすることはできない。
しゃべれるのは、
エオ〜
ア〜
くらいである。
今日は、姉が父と一緒に、キャンプというものに赴いているので
し〜ん
エオ
家がとても静かである。
母との時間をじっくりと楽しむことができた。
エオン♡
いや〜エオちゃんいないとこんなに静かなんだねぇ〜
同感である。
ほか〜
母ってあったかい…。
そして、いつもごはんをありがとう…。
ただいま〜
おかえり〜
ドドドドド
束の間の静寂であった…。
グリグリ
エヘヘ
ヘイヘーイ
また騒がしい日々が始まる。

トレーニング

思った以上に楽しい作業。

私は赤さん。
昼寝明け、私はすこぶる機嫌がいい。
拳をたしなみながら、ついルンルンしてしまう。
♪ ♫
フフフ～ン
そうすると、父が寄ってきて
機嫌いいね うつ伏せトレーニングしようか！
という。
どうやら、うつ伏せをすると筋力がついたり、いろいろ都合がいいらしい…。
正直、このままゴロゴロしてたいが、一応父親だしー
仕方ない付き合うか…
エオ～
うぐぐぐぐ
ぷっ
こりゃ失敬。
ほ!! こうかな？
ふら
ふら
わぁ～いい笑顔!!
ニコニコ
エヘ
ニコ
ニコ
ニッコリ
フラ
フラ
ムムッ！こりゃ思った以上に楽しい作業である!!

眠りたいのに

父よ…。

スピ〜
スピ〜
私は赤さん。
最近の私の入眠手順をお教えしましょう。
いつも、父か母がおくるみを巻いてくれるー
これがとても気持ちよい。
そして、寝る前は頭を動かし気持ちを整える…。
フン
フン
フン
そればっかりするとハゲちゃんになるよ
と、母に言われるが、ちょっとよく分からない。
…。
段々まぶたが重くなり…
むにゃ
むにゃ
あれ…?
なんか
視線を
感じる…
そういえば、さっきー。
今日は、弟くんを、寝るまでしっかり見届けるゾ。
と、父がナゾの宣言をしていたナ。
どうでもいいが気になって眠れないのでー
早くあっちに行って欲しいものである。

初お盆

姉と、いとこ。2人が合わさると、ものすごいパワーである。

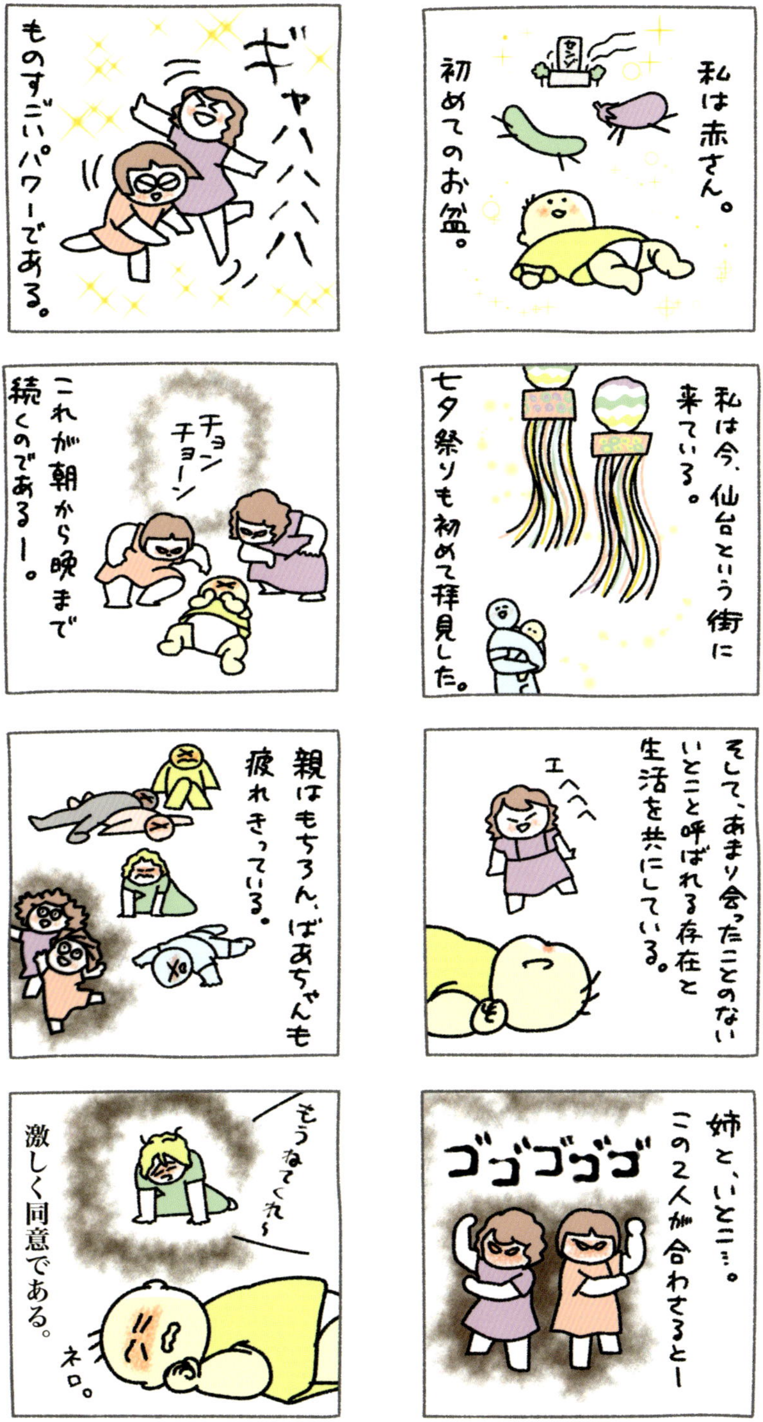

私は赤さん。
初めてのお盆。
私は今、仙台という街に来ている。
七夕祭りも初めて拝見した。
そして、あまり会ったことのないいとこと呼ばれる存在と生活を共にしている。
エヘヘヘ
姉と、いとこ…。この2人が合わさると—
ゴゴゴゴゴ
ギャハハハハ
ものすごいパワーである。
チョン
チョーン
これが朝から晩まで続くのであるー。
親はもちろん、ばあちゃんも疲れきっている。
もうねてくれ〜
激しく同意である。
ネロ。

私の作品

私のプニプニくんの中に入っている、もしゃもしゃ。

私は赤さん。
今日は特別に、私の作品をお見せしましょう。
私のプニプニくんの中に入っている、もしゃもしゃ。見たまへ。
たまらん
素晴らしい出来である。
私が、一日かけ、丹精込めて少しずつ制作したのだ。
フンフーン♪
フンフンフ〜ン♪
今日もなかなかの作品に仕上がり、満足である
うっとり
うんうん
しかし、夕方のお風呂タイムで…
ん？
またか…
また握ってるでしょ？見せて!!
わ！スッゲェ力入ってる!!うんしょ!!
ぐぐぐぐ
プルプルプルプルプル
バッシャー
ハーイキレイになったよ〜
せっかくの私の苦労が水の泡である。

エクササイズ

そんな時でも、父はやってくる！

私は赤さん。
寝起きで体調がいいとき、私はエクササイズに忙しい。
バタ
バタ
バタ
そんなときでも父はにこやかにやってくるー
ヘイヘーイ
フン
フン
フン
おお元気だね。
お鼻ツーン！
ち、近い。近過ぎる…
ある程度は親としてのスキンシップとして許せるが
今、エクササイズ中だよ
度が過ぎると困惑する…
わぁ足もプニプニ!!
プニンプニン
プニン
ドス。
クラ…
ははは、元気だナ〜
ヴッ
蹴られてもへこたれない精神は尊敬するがー
いいキックだ このこのー！
へへへ
ぐぐぐ
ウェーン
エクササイズくらいはゆっくりやらせて欲しいものである。

抱っこ紐

あれ？弟くんいる？

私は赤さん。
私は今、外出中である。
最近、おでかけのときは、抱っこ紐というものに入る。
布団で寝るのとはちがい、親と体が密着していて気分が良い。
ほかー
ついついたくさん寝てしまう…。
よくねるナ
グースカ
あれ？弟くんいる？
いるよ
グースカ
ばあちゃん
すんごく静かだから、いるの忘れちゃったわ
フフフ
あはは
そうなの、だって抱っこしててもたまにー
いるの忘れるときあるもん
アハハハ
それはそれで、若干寂しいものである。

攻撃!?

私を傷つけるのは…。

私は赤さん。
私は今、何者かに攻撃され傷だらけである。
こっちのプニプニくんでなんとか攻撃をかわそうとしているが
なかなかうまくいかない…。
イテテテテ
傷はすぐに治るので、そこまで気にしてはいないが
これでは、安心して眠ることができない…。
困ったもんだ
ん、目が合った…。攻撃しているのは君か…。
じー
カプリ
うーん
んっ
スッ
なんと！こっちもプニプニくんではないか!!
あら！
右プニ、左プニ!! なんだかワクワクしてきたぞ！
これからのプニプニライフが楽しみである。

笑う

私も試してみるとするか…。

私は赤さん。
ヘヘヘ
私は今「笑う」ことを実験中である。
家族を観察していると、楽しいときによく笑うようだ。
アハハハ
アッハハハ
ポンポン！
特に、体調がいい時の姉はよく笑う。
ヨイヨーイ
ガハハ
ハハハハハ
私も試してみるとするか…
こうか？
ニヤ…
あ！弟くん笑ってる!!
ドヤ
成功である
さすがチョロイぜ
声も出してみるか…
あは、
あははは
エオ
こうか？
声出して笑ってる～!!
あは、は！
あっは！ははは！
スゴイスゴイ
おおお
なるほど、声を出して笑うと楽しいものである。
カワイイ
上手！
ケラケラ
ケラ～
ケラケラ
エオン
これからも頻繁に笑ってみよう。

赤ちゃんからのクラシック

いい音色だ…。

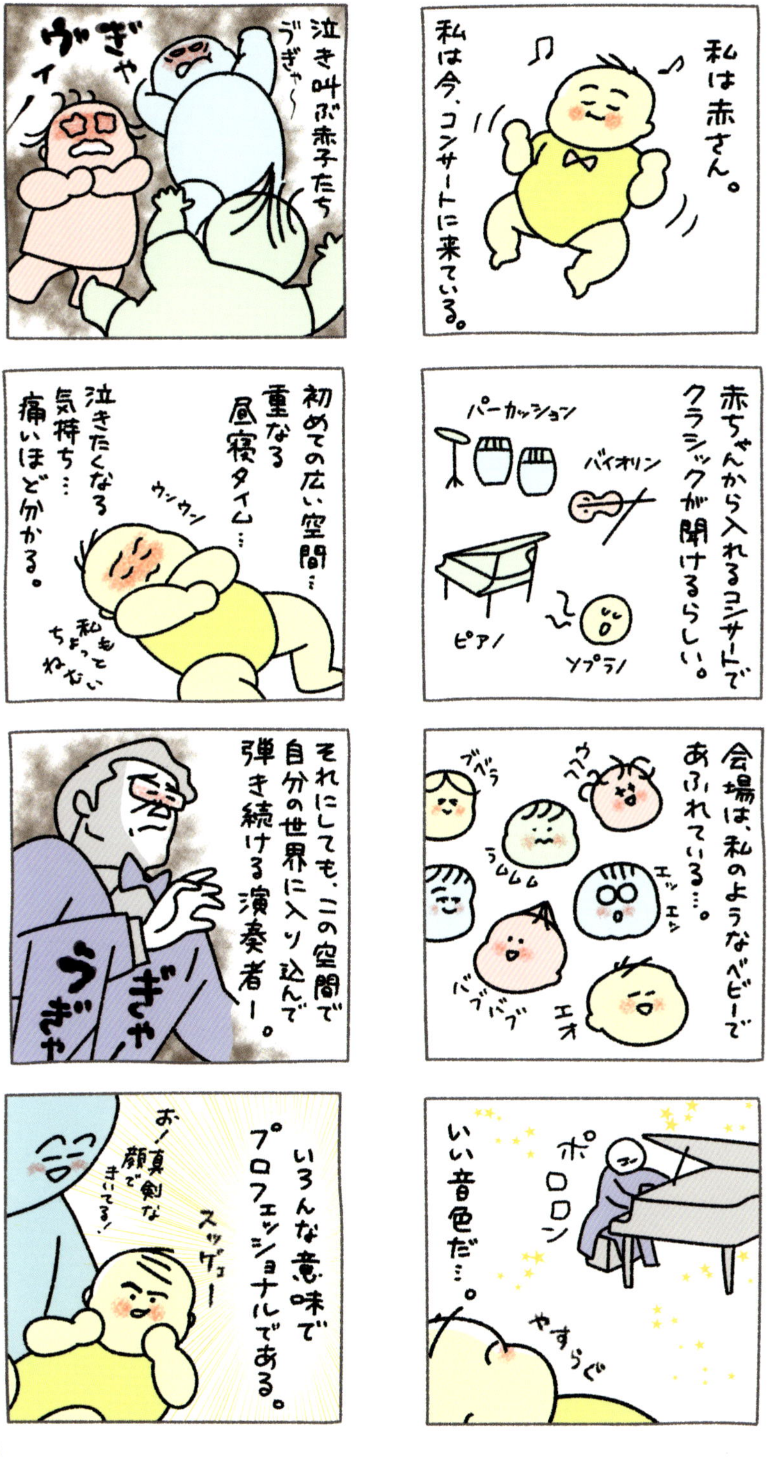
私は赤さん。
私は今、コンサートに来ている。
赤ちゃんから入れるコンサートでクラシックが聞けるらしい。
パーカッション
バイオリン
ピアノ
ソプラノ
会場は、私のようなベビーであふれている…。
ブベラ
ウベ
ラムムム
エッエッ
バブバブ
エオ
いい音色だ…。
ポロロン
やすらぐ
泣き叫ぶ赤子たち
ヴィー！
ぎゃ
ゔぎゃ〜
初めての広い空間…
重なる昼寝タイム…
泣きたくなる気持ち…
痛いほど分かる。
ウンウン
私もちょっとねむい
それにしても、この空間で自分の世界に入り込んで弾き続ける演奏者ー。
うぎゃ
ぎゃ
いろんな意味でプロフェッショナルである。
お！真剣な顔できいてる！
スッゲェー

遠くのプニプニくん

実に興味深い。

私は赤さん。
昔と比べると、出来ることがだいぶ増えてきた。
プニプニくんたちとも仲良くなってきた。
左プニ
ヘロ〜
右プニ
今は、下の方からも、プニプニくんと同じようなものを感じる。
エオ?
力を入れると、体がどちらかに少し移動する。
ぶん!
あらョ
実に興味深い。
顔に近いプニプニくんとはまたちがう趣きがある…。
でもあんまりやると
ズルリ
布団から落ちてしまう…。
うぎゃー
うぎー
また、うつ伏せトレーニングの時
力を入れてみると
もぞもぞ
もぞもぞ
顔のお肉がもっていかれてしまう…
今後もいろいろ試してもっと仲良くなりたいものである。
エオ〜
ブニ〜

父の料理

父！父！鍋が！

私は赤さん。
私は今、バウンサーで父のクッキングを眺めている。
残念なことに、私はまだ皆と一緒にごはんを食べることはできない。
あ〜
早く離乳食はじまらないかな〜
パク
パク
今日の献立はラーメンというものらしい…。
あついのに、ラーメン…たべてみたい
ジュルリ
ん？父と目が合った…。
むへへ
アハハ
目が合うとどうしても笑ってしまう。
エオエオ
目合っちゃったね〜
お！おお!!
…。近づいてきた。
ゲへへへへへ
アハアハアハ
キャ
キャ
エ゛オ゛〜ン
父！父！笑わせてくれるのはうれしいのだが、鍋が大変なことになっている!!
とめなきゃ！
エオ
アハハハハ

＼南海キャンディーズ／

山里亮太さんと uwabamiの 赤さん対談❶

一児の父でもある南海キャンディーズ山里亮太さんと、ほっこり対談。山里さんに、本の感想や子育てについてなどをうかがいました。

“一冊読み終えたときに、心が楽になる”

山里：読ませていただきました！　読みながらいいなと思ったのは、この本である種答え合わせというか。「あのときのあれって、こういうことだったんだ」って思えること。例えば、うちも全然バウンサーにはまらなくて。でも、「赤さん」の目線で見たら、そうか、そりゃ、嫌だったんだろうなって。

父：赤ちゃんが、こういうこと考えてたんだって想像すると楽しいですよね。

山里：そう。夫婦にとって初めての子育てだったから、行動が謎過ぎて。赤ちゃんの全行動を深刻にとらえがちだったんですよ。あのときの涙は何だったんだろうとか、なんで自分で手とか、傷つけちゃうんだろうとか。自分たちが何か間違っているんじゃないかなっていう想いがずっとあって。「室温が高かったのかな？」「服の素材、どうやら違ってたのかも？」とか、いつも自分たちが知らない内に過失をしてしまっているんじゃないかって、考え込んで、どんどん疲れていっちゃう。
でも、この本を読むと、「あのときって、こう思っていたんだよ」って、自分たちの子が言ってくれているような感覚になれるというか。自分たちがすごく心配だったことに対して、本を読んで笑いながら、「あ、いいんだ」っていう感覚になれて、ものすごく救われたんです。
子育ての先輩方からいろいろお話は聞くけど、大人からの説明だけだと、そんなふうに思えることってなかなかないんですよね。でも、この本は読んでいて、自然とそう思えるところがいいなって思いました。
一冊読み終えたときに心が楽になる。で、改めて自分の子どもが大好きだなって思うというか。そうそう、お父さんが描いているというのもすごくいいなと思いました。

父：そうですか！　この本は主にぼくが描いているのでお父さん目線が多いんです。

山里：そう、だからすごいぐっとくるんですよね。ぼくも「ほんとに分かる！」となりました。

山里亮太（やまさとりょうた）

お笑いタレント、司会者、声優、ナレーター、ラジオパーソナリティ。お笑いコンビ南海キャンディーズのツッコミ担当。愛称および別名は「山ちゃん」。相方は「しずちゃん」こと山崎静代。吉本興業所属。妻は俳優の蒼井優。現在2歳の娘さんを絶賛溺愛中。自らを「娘のガチオタ」と名乗る。

抱っこ紐、こんなタイトでいいんかな？

山里：この本にも出てきますけど、抱っこ紐。
うちも全然寝ないときに、抱っこ紐で抱っこしたら寝てくれて。抱っこ紐、こんなタイトでいいんかな？　と思ってましたけど、「これでいいんだ！」って。
おくるみにもびっくりしました。まず、ぎっちぎちですよね。小包みたいに顔だけ出てる。でもあれも、すごい寝るんですよね。当時驚いたことを思い出しましたよ。
この本を読むと、「みんなも経験してるんだ」って改めて思いますね。

意思があったって考える方が楽しい

山里：うちも頭の形とか気にしてやってましたね。

父：一緒ですね。うちはいつも右見て寝てるんで、反対も向いてほしくて逆にするんですけど、またすぐ元に戻っていて。

山里：あの頃って、まだ意思がないかと思っていたけれど、ちゃんと意思があったのかもっていうのも、この本を読んで感じたことでした。言葉こそないけど人間だし、「こっちが気持ち悪い」とか、あったんじゃないかって。何より、そこに意思があったって考える方が楽しいですしね。

当時、命を自分が握っているという、無意識のプレッシャーがすごかったと思うんです。あのときは、「赤ちゃんは、こっちが何かしてあげているから、どうにか生きている」っていう意識が強かった。でもあんなに緊張しなくてもよかったんじゃないかなって、『私は赤さん』を読んで思えたんですよね。

母：うちも一人目のときは、ほんと緊張してましたね。でも二人目はいい意味でほったらかしになりました。ちゃんと生きてる、好きにしていいよって。

山里：泣いてるところへのダッシュのスピードも、圧倒的に変わるっていいますよね。

父母：そうそう！（笑）

もっと早く読みたかったな

山里：育児書とかぼく、めちゃめちゃ読むんですけど、読みながらドキドキしちゃうんですよね。ああ、これ、間違ってたのかもって心配になっちゃう。だから『私は赤さん』、もっと早く読みたかったな。

あの頃の不安、全然平気だったんだなって思えますもん。今お腹にお子さんいる人とかには是非読んでもらいたいなと思いますね。

父：そうですね。特に最初って不安になりますけど、赤さんを通して大丈夫だよって伝えられたらいいなと思っています。

山里：あと、この本を読みながら「これあったなあ」って、感動を思い出せるのもいいですよね。

母：感動も記憶も更新されて忘れちゃうので、私たちも赤さんのマンガを見て思い出したりしています。（笑）

☞ 対談の続きは74ページ！

＼uwabamiオリジナル画法／
キャラストレーション

リクエストに応えながら、即興で絵を描く「キャラストレーション」という描き方をしています。

何かご希望のシーンなどありますか？

せっかくだから夫婦で描いてもらいたいな。二人とも宝塚が大好きなんですよ！

きらびやかな感じが出てます！

宝塚風のご夫婦を描かせていただきました！

ルンルンタイム

プニプニくんの研究は続く。

私は赤さん。
私には、ルンルンタイムと呼ばれる時間がある。
朝ごはんを食べてからの約30分は目がさえ、活動的である。
ピカーン！
この時に音楽をきいたり、踊っている姉を眺めたりする。
ヘイヘーイ
もちろん、プニプニくんの研究も欠かさない。
いや〜今日もプニプニしてますナ〜
ハグハグ
拳ごと口に入りそう…？
フンフンフ〜ン
ぎゃ!!
プニプニくんが分裂した!!!
パラ
プニプニくんが細かくなってしまった！
しかし、これはこれで、ゆかい！
レロレロ
まだまだプニプニくんの研究は続きそうである。
チュパチュパ
ムズカしい顔してるよネ
うんしてるネ
エオ

シャドウ・ウンチマン

オムツかえて〜。

私は赤さん。
またの名をシャドウ・ウンチマン。
誰にも気付かれずに、しれっとうんちをすることができる。
正確にいうと…
オムツかえて〜
エオ〜
誰にも気付いてもらえてない。
今日もバウンサーにのって
…出た。
こういう時は目で訴えるようにしている。
オムツかえてかえてかえてかえてかえてかえてかえてかえてかえてかえて
あはは!
弟くん、おもしろい顔してる!!
ダメだ、姉にはまったく伝わっていない…。
今度は父&母に…。
かえてかえてかえてかえて
ん?
ホントだーアハハハ
んじゃたべようか
いただきまーす
うむ…うまく伝わらないものである早く言葉を身に付けたいものである。
口惜しい

寝返り

あっちの世界が見えた!!

私は赤さん。
ゴロン
私は、体を動かすのが好きだ。
いろんな世界を見ることができる。
コローン
コローン
ふん!
あっちの世界が見えた!!
くるん
あれ?
え!え!寝返ってる!!
エオン
弟くん寝返りしてる!
写真写真!
スゴい!!
えへえへ
そろそろつかれ…
あれスマホどこいった
ないない
た
あったあった
それにしても早すぎるナ
パシャパシャ
パシャ
写真はいいから早く元の体勢に戻して欲しいものである。
もどれん
泣

口から何かが…!?

もうスタイしないとね！

私は赤さん。
最近気になっていることがある…。
息やおっぱいを吸う所から何かがドパドパ出てくるのだ。
ドパ〜
ドパパパ
特に家族の食事を眺めている時、
モグ
モグ
モグ
モグ
モグモグ
ドドドド…
ドパ〜
ドパドパ〜
あ！弟くんよだれすごい!!
世の中の人々は、これを「よだれ」とよぶのか…。
なるほど、
フム
うつ伏せをしている時は特に激しく、タオルの変色っぷりに自分でも驚いてしまう。
なにコレ!?
もうスタイしないとね！
はいどうぞ。
スタイ？
かわいっ!!!
なんだこれは!!!
落ち着かないので早く外して欲しいものである。
ブン
ブン
ブン
ブン
おちつかん！

交渉中

そろそろ出てくれないか。

私は赤さん。
…。
私は今、お腹と交渉中である。
交渉を続けているがなかなか言うことをきいてくれない。
そろそろ出てくれないか
体がモヤモヤしているのだ
このままでは夜中に起きてしまいそうだ。
NO～
フム
ミルクが少ないか？
おっぱいか？
運動か？
うん
そうか、わかった。
バタバタバタバタバタバタ
モゾモゾ
よし、もうひと声
うぐぐぐぐぐぐぐ
パァ～
これで今日は快眠である。
イイ顔！
おつかれ！みてたよ！

魅惑のヒフ

スリスリスーリ。

私は赤さん。
ルン ルン
どうやら私のヒフはとても気持ちいいらしい。
床に転がってエクササイズしていると、
ハロー!
母が来てー
スリスリスーリ
スリスリスーリ
スリスリスーリ
きもてぇ〜
スリスリスリスリスーリ
アハハハ
うっふうふうふふふふふふ
くすぐったくてこっちもおもわず笑ってしまう…。
ん?父だ。
すすごいスピード…
ギュルギュルギュルギュル
うっひょーきもてぇー
うわわわわわ
ズリズリズリズリ
ひげいってぇぇ
そんなに気持ちいいのなら、私もその辺の赤子にスリスリしたいものである。

私の脚力はスゴい！

進む！ 進む！ 止まらん!!

私は赤さん。
自分で言うのもなんだが こう見えて、私の脚力はスゴい。
寝返りを試みて ゴロゴロしていたら…
ぐぐぐ
ふん！
おお！進んだ!!
ほ！
ほ！
ほ!!
進む！ 進む!!
止まらん!!
キラキラ
オオ スゴい!!
進んでる!!
父と母も見に来たようだ。
ズリ ズリ
スゴい スゴい
ズリ ズリ
がんべレー
暗い〜〜
ウボ〜
エボ〜〜
父、母！こういう時は 成長を楽しむのではなく すぐ手を差し伸べて欲しいものである。
入っちゃった

初体験

父、念願のお買い物。

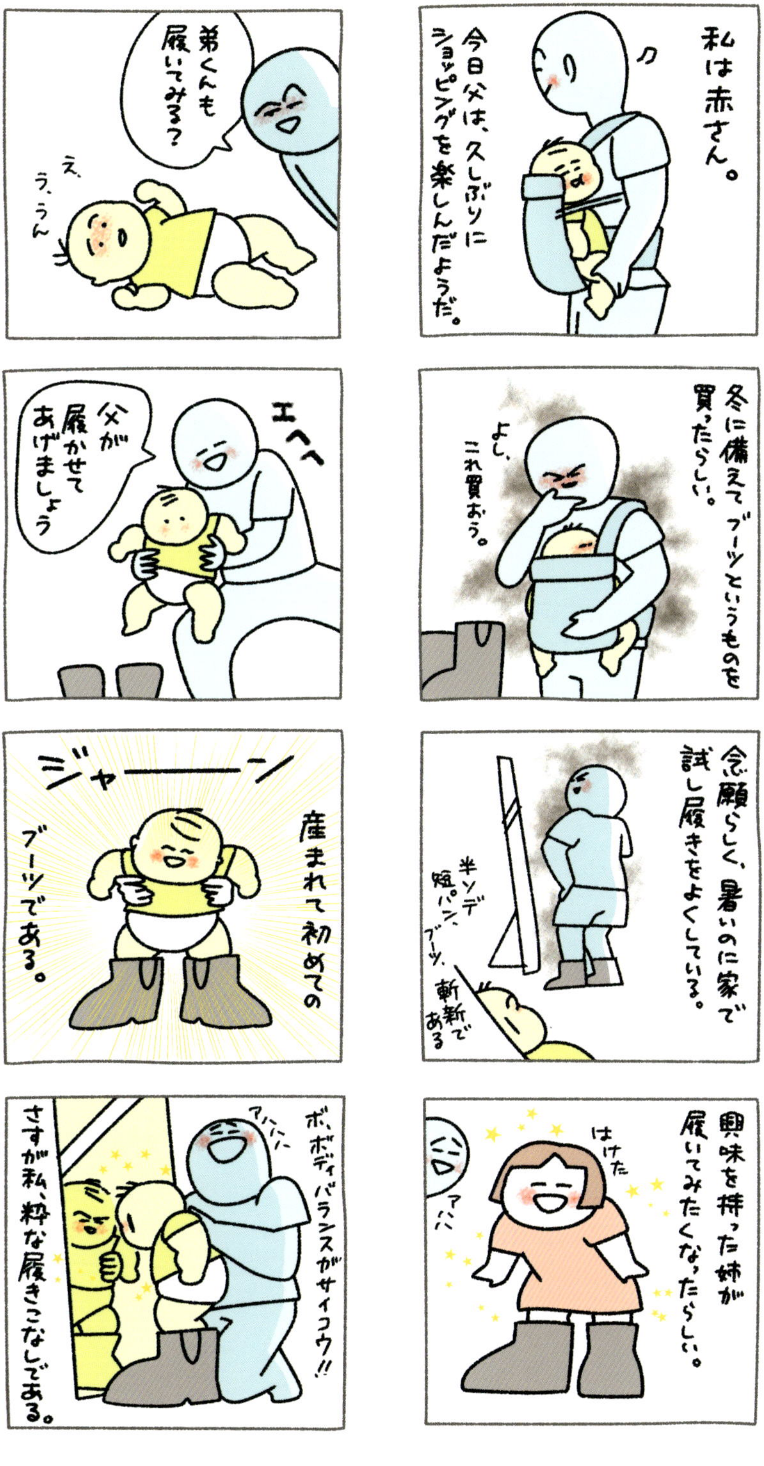

私は赤さん。
今日父は、久しぶりにショッピングを楽しんだようだ。
冬に備えてブーツというものを買ったらしい。
よし、これ買おう。
念願らしく、暑いのに家で試し履きをよくしている。
半ソデ短パン、ブーツ、斬新である
興味を持った姉が履いてみたくなったらしい。
はけた
アハハ
弟くんも履いてみる?
え、う、うん
父が履かせてあげましょう
エヘヘ
ジャーーーン
産まれて初めてのブーツである。
ボ、ボディバランスがサイコウ!!
アハハハ
さすが私、粋な履きこなしである。

お店のおばちゃん、ごめんなさい

いっぱい出ちゃった。

私は赤さん。
あ
私は、自分のある法則に気がついた。
うんちをする前は、
エオー
エオ〜エオ
エオ、エオ
エッオ〜
エオエオ
エオ〜エオ〜
エオ〜
オエ〜
エオ〜
ついつい、喋りまくってしまうのだ。
この前も、スーパーのおばちゃんと目が合ったタイミングでー
あら
こんにちは
エオ〜エオ〜エオエオ
エッオ〜エオエオ〜
エオエオ
エッオ〜
エエオオ〜
エッオ〜エオ
来たのだ。
あら〜おしゃべり上手ね〜
カワイ
エオエオエオ
エオエオエオ
エオ〜エオエオ
オエッオエオ
で…る…。
エオエオエ
エオッエオ
エオスエオス
エッオ〜エオ
オエ〜オエ〜
たくさんお話ししてくれてうれしいわ♡
でる!でる!でる!でる!
ブリブリブリ〜
ブリブ〜
ボボボ
ボボボ
ボボゴゴゴ
ゴゴゴゴゴゴゴゴ
ワ〜
なんだか申し訳ない気持ちになったのである。
いっぱいでたね
でちゃった

カスタネット

いつの間にか一人演奏会。

私は赤さん。
カァ〜〜
私は今、起きたばかりである。
バッタン!バッタン!
そしてさっそくおくるみからの脱出を試みている。
カッカッカッ
どうやら足元に姉が置いていったカスタネットと呼ばれる楽器があるようだ。
あ!抜けた!!
よっしゃ!
最近は、プニプニくんを一
ヂュー ヂュー
ヂュ〜 ヂュ〜
激し目に吸うのがブームである。
ヂュ〜 ヂュ〜
え、なんの音?
ヂュ〜 ヂュ〜
カッ カッ
カッ
いつの間にか一人演奏会である。

姉を見てる

姉は一生懸命。

私は赤さん。
私はいつも姉を観察している。
じー
ギャハハ
姉はやさしい。
これねチョコクッキーっていうの
ほー
姉はたくましい。
公園にて、
ほっ
ほっ！
だけど、たまに苦しい。
ぎゅ〜〜
へぐぐっ
ゴチン
ガシャン
ツルッ！
そして、姉の集中力はすごい。
児童館の工作を真剣にする。
ムム
ふ〜
ちゃ、ちゃんと手をつけたぜ…
そっか！すごい音したけど、大丈夫？？
いろんなことに一生懸命な姉を一
私はいつも見ている。
森のたんけんで木の実ひろいにハマる
カッケー

私としたことが！

父よ！　ちがう！　そうじゃない！

私は赤さん。
私としたことが!!
寝返りの仕方を忘れてしまったのだ。
体を反って…途中までは覚えているが、
フン！フン！
あれ？あれ？
もどっちゃった…
コロン
その後がどうもうまくいかない。
そうか、このクッションの高さを利用して…
いち、にの…
さん!!
んもう！
できない！くやしい!!
んっ？
ギャ〜
ギャ〜
そうか、そうか、お腹へったか、ミルクのもっか
バンバン
ちがう！ちがうのだー!!
私は寝返りたいのだ!!
よいしょ
ギャー
ギャー
ギャー
もう少し息子の欲求を理解してほしいものである!!

視野の広がり

いろいろ観察するのが楽しい。でも、やっぱり…。

私は赤さん。
キョロ キョロ
最近、視野の広がりを感じ、いろいろ観察するのが楽しい。
父・母のやっていることも興味深いし—
テレビというものも気になる。
天井でぐるぐる動いているものも、おもしろい。
でも、やっぱり…
プニプニくんの研究はやめられない。
ライフワークである
最近、知ったのだがプニプニくんたちは合体する!!のだ。
あ!おいのりポーズだ!
このでっかいプニプニくんのカタマリを—
ガシガシするのが最近のお気に入りである。
ガシ ガシ ガシ ガシ
プニプニくんの研究に終わりはない。

アゴ

よりふっくらぽっこりしてきた。

私は赤さん。
気がつけばもう４ヶ月。
人生のスピードがどんどん加速している気がする…。
ゴー
ゴー
最近は、よりふっくらぽっこりしてきた。
そのせいか、手足が少し動かしにくい気がする。
ムチ
ムチ
顔面もふっくらしてきてバウンサーにすわると―
もうひとり「アゴくん」が登場する。
これを「二重アゴ」という。
ビックリしたりすると…
アゴ周辺がパニックである。
ボヨン
いやあでも、もっとコロンコロンさせたいナ～
父はまだやる気である。
私は構わないが、
体重で肩が爆発するのは父なのである。
ボカーン
ボガン

頭の形

あれ？　また左向いてない？

私は赤さん。
父と母は私の頭の形を気にしているようである。
そこまで気にすることではない気もするが…
気にしすぎじゃない？
最近気がつけば、私の左側にたくさんおもちゃがありー
気がつけば、父・母・姉が左側にいることが多い。
寝ている時もー
そろりそろり
zzz
さりげなく、左側に向けられている…。
スッ
左に向けられるとー
あれ？また左向いてない？
右を向きたくなるのが、
人間の性である。
ぎゅるん
ヘッ！
まいっか！
あ〜またそっち向いちゃったか〜

描きおろし

大人たちが寝静まった真夜中…。

ミルクショットバーBABY

子らが集まり夜な夜な語り合う大人禁制のオアシスがある。

登場人物

センパイ（いとこ）
常連客。物知りで鋭い観察眼の持ち主。オシャレ。いつも違う服を着ている。

エオちゃん（姉）
常連客。センパイと仲良し。ドレスは一枚しか持っておらず大切に着ている。

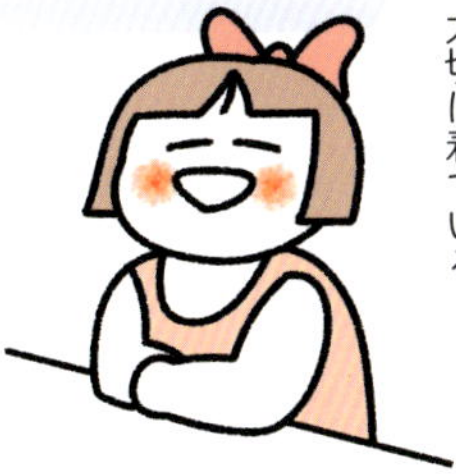

弟くん（赤さん）
最近通い始めた。大人への日々の悩みを相談しに来る。

マスター
ほとんどしゃべらないが、いるだけでなんかホッとする存在。

寝ちゃう

一杯目で寝ちゃうなんて。

シャカ シャカ
シャカ シャカ
ムニャ
ムニャ
あ〜
起きたわね
ですネ
マスター この子に いつもの おねがい。
コクッ
シャカ
シャカ
トクトクトク
ん?
…。
スー
どうぞ
ンパ
ンパ
ウマい
キュ〜
ゴク
ゴク
ゴク
一杯目で寝ちゃうなんてカワイイじゃない。
Z Z Z
ねむ ねむ
ですネ

おくるみ

一、二分で脱出してたわ…。

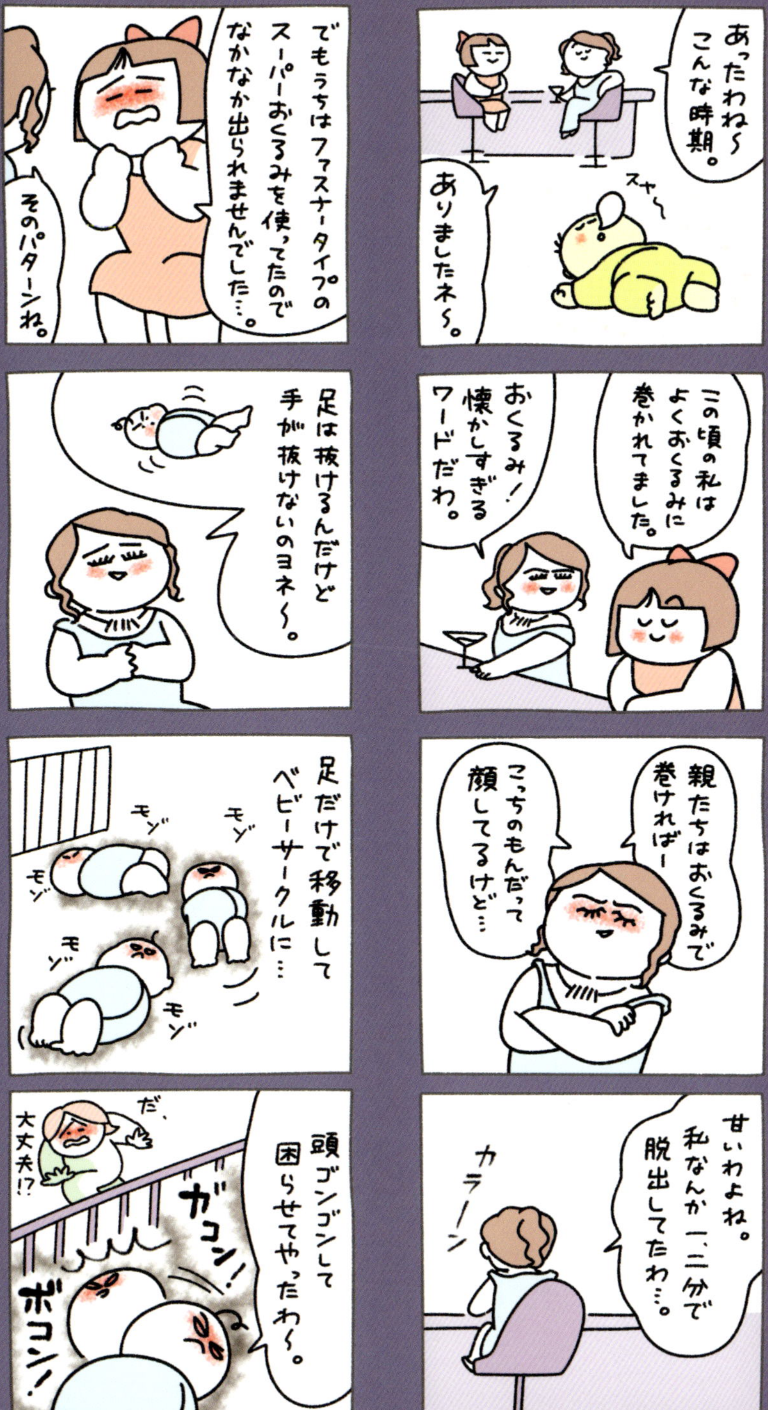

あったわね〜こんな時期。
ありましたネ〜。
スヤ〜
この頃の私はよくおくるみに巻かれてました。
おくるみ！懐かしすぎるワードだわ。
親たちはおくるみで巻ければー
こっちのもんだって顔してるけど…
甘いわよね。私なんか一、二分で脱出してたわ…。
カラーン
でもうちはファスナータイプのスーパーおくるみを使ってたのでなかなか出られませんでした…。
そのパターンね。
足は抜けるんだけど手が抜けないのヨネ〜。
足だけで移動してベビーサークルに…
モゾ
モゾ
モゾ
モゾ
モゾ
頭ゴンゴンして困らせてやったわ〜。
ガコン！
ボコン！
だ、
大丈夫!?

ほ乳瓶

自分で持てるようになるまで…。

ミルクショットバー BABY
ミルクショットバー BABY
ここは子らが夜な夜な集まり、語り合う大人禁制のオアシス
ゴクゴク
おいしそうね。
私たちもガッツいてる時がありましたヨネ〜。
あったあった
ミルクがないと心細くて眠れないこともあったわ…。
キラキラ
若かったわ
あら
あ
ポトリ
自分で上手くほ乳びんが持てないなんてカワイイじゃない。
私も自分で持つの時間かかりました。
あらエオちゃんそうなのネ。
センパイはどうでしたか？
私なんかずっと親に持たせてたわ。
もう自分で持てるんじゃないの？
フン
二の腕のトレーニングってやつネ。

ハンドリガード

親っておもしろい。

深夜のバーにて、子たちの夜は長い…。
じーっ
あら弟くん、真剣な顔してどしたのよ？
最近、いつもそうなんですけど、手を眺めてるだけで、親が喜ぶんです…。
フム フム
動けないし、暇なんでとりあえず手を見てるだけなんですけどねー。
親っておもしろいですネ。
フフフ そうね
こんなんで喜ぶんだからネ。
ハードル低いっスよね〜
この前なんか、両手を組んでのんびりしていたらー
♪〜
フンフ〜ン♪
動画を撮って、祖父母に送ってましたもん！
あら、それ実家からおいしいものが送られてくるパターンだわ。

くちばし

最近できるようになったこと。

あら、今日は二人そろってイイわね。
タイミング合ったので一緒に来ちゃいました。
マスターいつもの。
ぼくも。
コクッ
おかえりなさいませ。
センパイ、聞いて下さい！ぼく最近できるようになったことがあるんです。
ん？なに？
これです。
チュ〜
あら！
私も初めて出来たときはナゾの達成感ありました。
そうね、懐かしいわ…
久しぶりにやってみようかしら…
チュ〜〜〜？
あれ？昔よりうまく出来ない気がするわ…。
あれ？私もです…
?
なんかこう弟くんみたいに深くないわ…。
チュ〜
ですです！あれ？
ムムム！
くやしい！
?
ハイ！
エオちゃん特訓しましょ！
若い子には負けないわ。
チュ〜

お食い初め

意味がわかりません！

ハァ〜
あら、心の底からのため息じゃない
あれですよ あれ
こしょこしょ
あ〜ハイハイあれね。
わかるわ〜
あ゛〜もう意味わかんない。
エスカレートしてきたわ ハイ
ドン！
くるり
もうあれなんなんですか！ぜんっぜん意味わかりません！
あの、ぼくまだおっぱいとミルクしかのめないんですけど…
？
今日のごはんは魚とか赤飯とか煮物とか出たんです！
歯がないし食べられないよ??と困惑してても
親は口に突っこもうとするんです。
アーン
なので、ぼくも心を決めて食べようとしたら…
いざ！
ああ゛〜ん？
チョンチョン
はい終わり！よかったネ〜
アハハハ
食べないの？
わ〜
やっぱり意味不明〜

後半に、もう１回あるよ！　お楽しみに★

花粉

父のくしゃみの音が激しい。

私は赤さん。
Z Z Z
秋の花粉というやつなのだろうか…。
へっへっ
へっぶしゅん
ビクッ!!
父のくしゃみの音が激しい…。
気持ちよくスヤスヤと寝ていても、必ず起きてしまう…。
ハァ ハァ ハァ
ビクびくいた…
起きちゃったかごめんね〜
ブー ブー
うーん、トイレでするしかないか…
次、ムズムズしたらトイレ行くね…
へっへっ
来た…。
いそげ!!
ダダダダダダダダ
へっぷしょん
まに合った!
ワナワナ
足音も、それはそれで結構な音量である…!!!

こちょこちょ

唱えられると、思わず笑ってしまう不思議な言葉。

私は赤さん。
最近、「こちょこちょ」という不思議な言葉を唱えながら
父が脇腹に入り込んでくることがある。
!
こちょこちょこちょこちょこちょこちょ
ウホウホ
首のところに入り込んだり−
ウホウホ
エオ
耳のところに入り込んだり−
ウホウホ
スキあらば入り込んでくる習性があるのは知っていたが、
脇腹はなんとも言えない感覚である。
唱えられると、思わず笑ってしまい−
ケラケラケラケラ
なんだか楽しくなってくる。
しかし、度が過ぎると−
ケラケラケラケラ
ゲラゲラゲラゲラゲラ
こちょこちょ
すごく疲れる気がする。
長いです。
ごめん調子ノッタ…
ちょうどいいバランスを心得てほしいものである!!

ラブリーすぎ

お下がりをよく着せられる。

私は赤さん。
Big!
身長の伸びを感じ着る服も変化してきた!
短肌着というTHE赤子服から
ロンパースと言われる服等に変化してきた。
上に兄か姉がいる者の宿命らしいが…
これきな!
ほえ〜
お下がりをよく着せられる。
私は姉がいるので…
夏はこんなのきてました
リボン
ラブリーな服が多い。
まだまだ赤ちゃん期で、男女が分かりにくいしー
あら〜女の子?
メンズです
髪もまだ薄いので、女子の服を着るのは、そこまで抵抗はない。
後頭部ハゲちゃん化してきた、
しかし、姉よ…
これ弟くんにあいそうだナ
それはいくらなんでも
ラブリーすぎる。
エヘヘ
カワイイけど…
ゴオン〜

右プニプニくんと左プニプニくん

だいぶ仲良しになった。

私は赤さん。
こちらは右プニプニくんと左プニプニくん。
だいぶ仲良しになった。
ハモ ハモ
手のトレーニングしよっか！
と言われ、何か持たされることがある。
ハイどうぞ、
入った!!
プニプニくんにこんな機能があったとは!!
ただプニプニしているだけではなかったのかー
しみじみ
そしてこれ、キラキラ…
キレイ…
たまらんエオ…
でもあれ？
ブン
ブン
ブン
とれない！とれない!!
エオ〜ン
エオ〜
よく分かんないけどプニプニくんからはなれないよコイツ〜
プニプニくんにはいろんな側面があり、知れば知るほど奥が深いのである。

眠れない

母、ファイトである。

私は赤さん。
私はたまに、まったく眠れない時がある。
母には申し訳ないが、置かれると…
さきねてくれよ
うっぎゃー
眠れないのだ…。
眠いっちゃ眠いのだが、脳が眠るのを拒んでいるかんじだ。
まだねないもん
そんなことを言ってもさすがに体は疲れているので
いやもう限界っス
だよナ
わかったわかった
入眠しそうになるがー
お
イケるか!?
タイミング悪く、姉の盛大な寝言。
ビクン!
あれが
ただたい〜
それじゃない…
ムニャムニャ
また目覚めてしまった…。
うっぎゃー
ダメか…
やれやれ眠るのも一苦労
母、引きつづきファイトである。

グーパー

タオルつかめた♡

私は赤さん。
近頃、プニプニくんたちを動かすのがおもしろい。
グーパー
グーパー
アハハ
これを応用すると、何かつかむことができる。
ホラ。
ガシ
そういえば、初めてタオルをつかめた時の達成感は忘れられない。
つかめた♡
またやってみよう。
ぐるん
あれ？
タオルをつかみながら寝返りもできた！
アハハ
こりゃまるでずきん
くすくす
いろんなことができるようになって人生が楽しくなってきたのである。
一部始終を見ていた親。
ハァハァ
カワエエ
エオ〜ン

離乳食開始

ハイ。弟くん口あけてぇ。

私は赤さん。
私は立派な大人になるべく大きな一歩を踏み出した。
離乳食がはじまったのである。
すこし早いけどやってみようか!
?
日本人といえばまずこれ!
10倍がゆ
お米だよ。
??
ハイどうぞ
ナニコレ?
まったくそそられん。
ドロドロ
正直まだ興味がわかない。ミルク好きだし…。
でもー
ハイ。弟くん口あけてぇ
アーン
アーン
アーン
こんだけ口をあけられると
やらないわけにはいかない。
あ゛ーん
ア、アーン
おお、食べた!!!
う゛ぅん
よく分からんが、家族が喜ぶので、それもまたよしである。

姉のかわいがり方

常に強めな気がする…。

私は赤さん。
姉のかわいがり方が常に強めな気がする…。
時にマウントを取ってくるし
ゲヘヘ
気がつくと、
ゾワゾワ
ロペロペ
なめられている時もある。
それでもしぶしぶぬいぐるみを貸してくれるし、
よだれつくのヤダけどかしてあげる。ホレ
そこ?
離乳食も食べさせてくれる。
ハイ
アーン!
ウグウグ
姉なりに私のことを考えてくれているようだ。
まだ食べそうだよー
じゃあ、お姉ちゃんがプリンセスで…
弟くんがー
王子様ね!
早く王子様とやらになりたいものである!

離乳食ファイト!

え、これ食べるんスか？

私は赤さん。
モチャ モチャ
離乳食というものがはじまり
日々、いろいろなものを食べている。
正確に言うと、食べている、というよりは、口に突っ込まれているかんじだ。
はい あーん!
ウヴ
今日も緑のドロドロした物を入れられた…。
え、これ食べるんスか？
世の人は、これをホーレンソーと言う。
そもそも、なぜこれを食べるのだろうか、
おっぱいや、ミルクでいいのでは？
ムムム
謎が深まる…。
あ、弟くん！なんで離乳食食べるの？って顔してるね。
それはね、
これから体が大きくなってたくさん食べるようになるでしょ。
だけど、それでもまだおっぱいばっかのんでいたら…
母がホルスタインみたいになっちゃうからだよ!
アハハハ
ドゥガーン
モー
ちょっと何言ってるのかよく分からないが、がんばって食べていこうと思う。

おもちゃ

音が鳴るものが、楽しい。

私は赤さん。
近頃、おもちゃというものが気になっている。
音が鳴るものが、楽しい。
シャカシャカ
シャカシャカ
特にこの卵形のおもちゃ。
叩くとコロリンと音がでる。
コロリン
バン
バン!!
コロリン
バン!
コロリン
バン
コロリン
ゴロン
ゴロン
ああ、遠くに行ってしまった。
そういう時は、
あらヨ!
せいこう!
ムム、まだ遠いナ…。
ゔっ
オヴェ
タラーン
ちょっと吐いちゃった。
エヘ
エヘヘヘ
エヘヘ
それもまたゆかいである。
出ちゃった
まいっか!

髪がのびた

前より風を感じる。

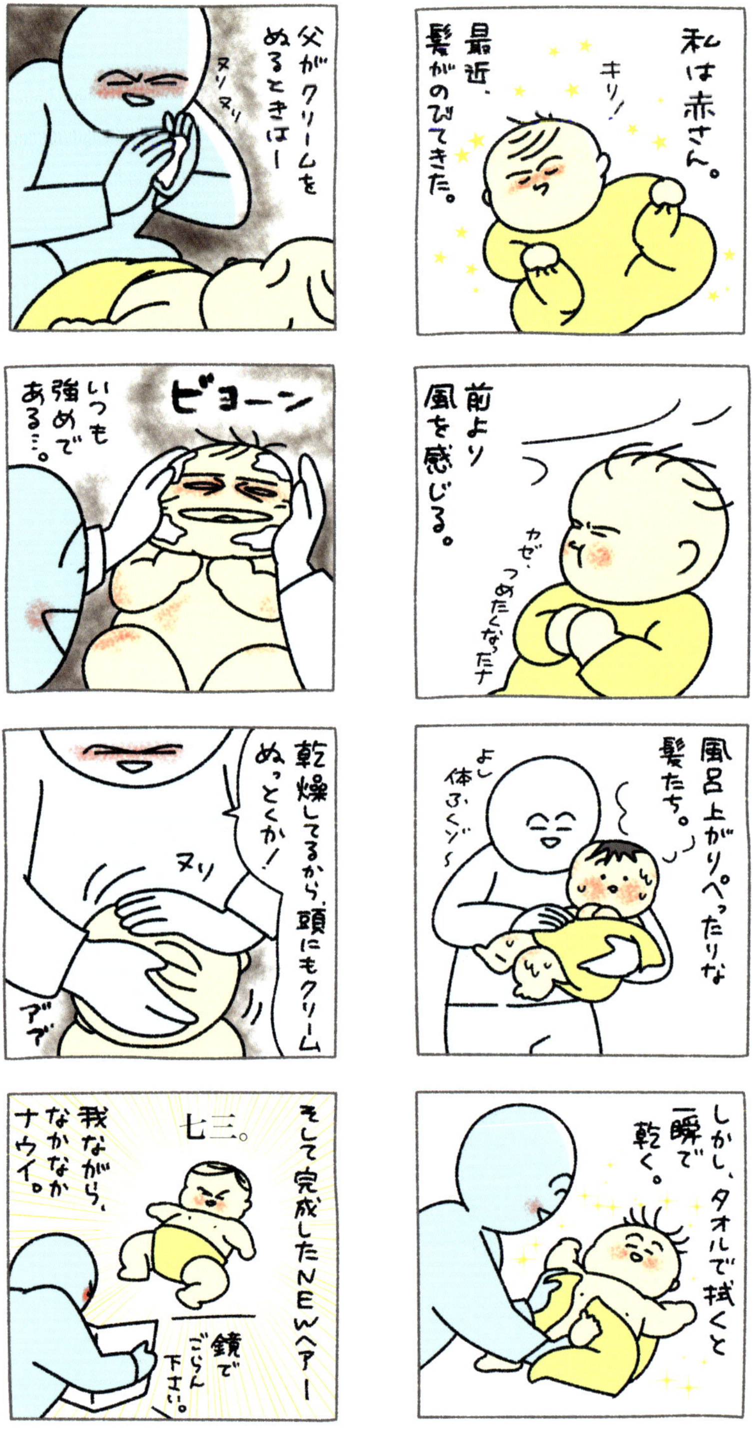

私は赤さん。
最近、髪がのびてきた。
キリ!
前より風を感じる。
カゼ、つめたくなったナ
風呂上がりぺったりな髪たち。
よし体ふくゾ~
しかし、タオルで拭くと一瞬で乾く。
父がクリームをぬるときは―
ヌリヌリ
ビョーン
いつも強めである…。
乾燥してるから、頭にもクリームぬっとくか!
ヌリ
アア
そして完成したNEWヘアー
七三。
我ながら、なかなかナウイ。
鏡でごらん下さい。

眠るのがおしい

いろいろ忙しいのに…。

私は赤さん。
最近、眠るのがおしい。
いろいろ調査するのに忙しいしー
おけしょうゆ
ほー
姉を観察するのも興味深い。
しかし、時間になると父が眠らせにやってくるのだ。
睡眠のリズムくずれるからそろそろ眠るゾ。
おいで
ムムム まだ眠りたくない!
イイコ。
イイコ。
入れられてしまった…。
入れられるとちょっと眠くなる。
いや いかんいかん…
ほーまだ抵抗してるナ。んじゃ これはどうだい?
たてゆれ&背中ポンポン
こ、これはいかん!!
まぶたが重くなってき…た…
無念
Z Z Z Z Z Z Z
あはは カワユス~
あっという間に夢の世界である。

ブブブ

なんともゆかいな音色。

私は赤さん。
ルン
ルン
最近おもしろいことを発見した。
「口」と言われると口をするどく前に出しー
息を吸って
はくと
ほら、なんともゆかいな音色である。
ブブブ
私くらいのレベルになると
ブブブブ
ブブブ
ブブブブブ
いくらでもできる。
しかも、強めに息を吐くと
プープープー
ちょっと音が変わる。
さらに楽しいのが離乳食中である。
ゆかい
口からピョンピョン飛んでいく。
しかし、これをやりすぎてしまうと
親がテンパる。
ヤメテー
しかも緑黄色野菜！
これからも、あえてやっていこうと思う。

がんばれプニプニくん

よっこらしょ。うんしょ。

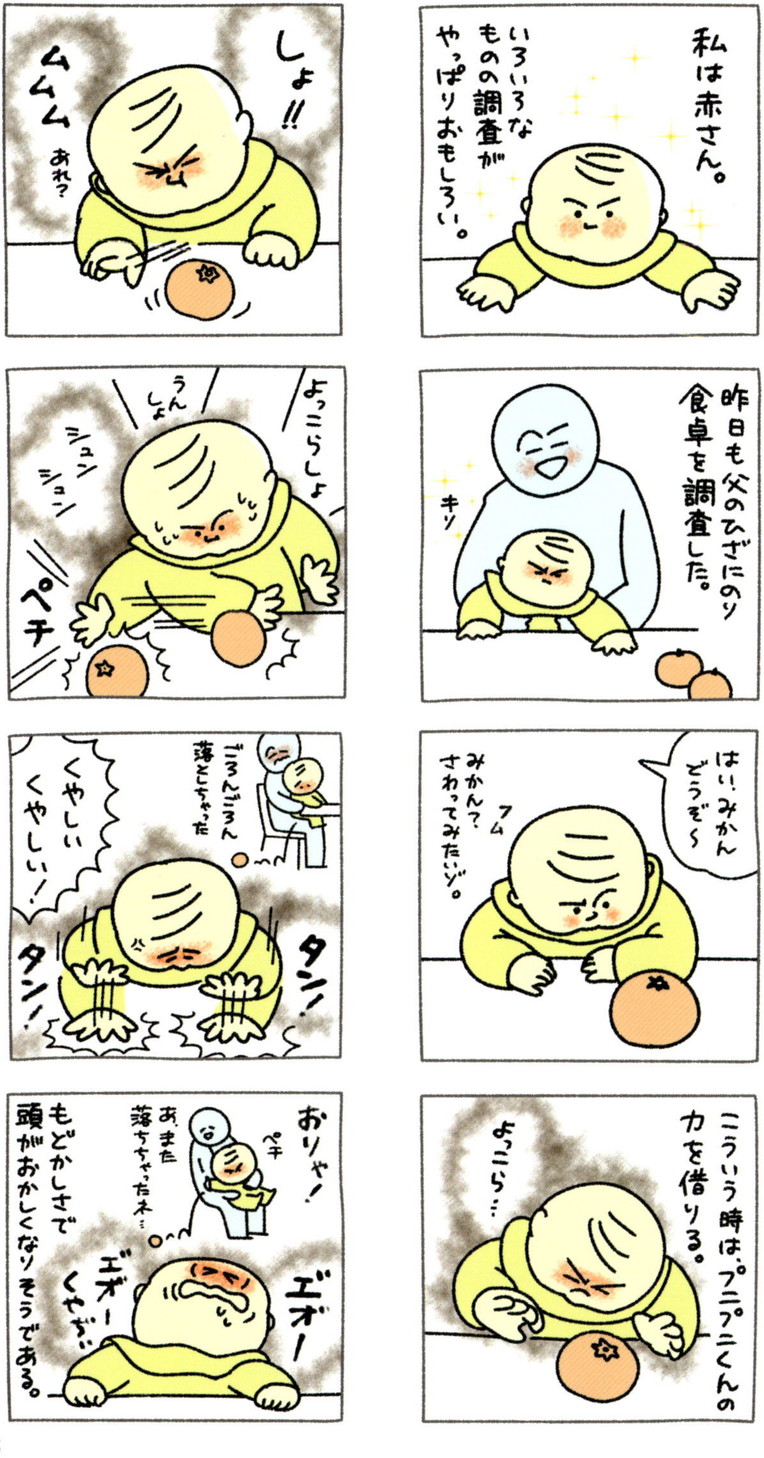

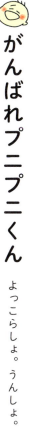

ハモハモ

スプーン、父の指、机に…。

私は赤さん。
ハモハモがやめられない…。
ハモ
ハモ
レストランにて
おいし〜
おいしいねぇ〜
弟くんは食べれないんだすまん〜
フン
代わりといってはなんだけど
ハイ。スプーンあげる
どうぞ
フム
なんだこれ…。
ハモ ハモ ハモ ハモ ハモ ハモ ハモ
父の指…。
ハウッ！
ハモ ハモ ハモ ハモ
机に。
ハモ ハモ ハモ ハモ ハモ ハモ ハモ ハモ ハモ ハモ ハモ ハモ
わー机食べないで!!
最近、ハモハモしすぎてよだれかぶれスゴイよね
うん
なるほど。これが「かぶれ」か。
確かにちょっとヒリヒリする…。
ヤメヤメ！
しかし！ハモハモは止められないのである。
ハモ ハモ ハモ ハモ

笑ってほしい

アハハ、エヘ、アハ。

私は赤さん。
アハハ
エヘ アハ
エヘヘヘ
笑うのがやっぱり楽しい。
最近父がよくやってくれるのが
たかい、たかい、たかく〜い。
ビョーーン
いつも見る景色とは違い気持ちよい。
アハ
アハハ
エヘヘヘ
たのしいねぇ〜
んじゃこれは?
よこ〜よこ
よこ〜よこ〜
ちょっとそれはよく分からない…。
あれ、ダメか…
ごはん中。私が離乳食をたしなんでいると…。
んー〜〜
モグ
モグ
パッ!
ワハハハハ
ハハハハ
ハハハ
ん〜〜〜
…。
?
パ!
ダバァ〜
頼むからもぐもぐ中はやめて欲しいものである。
タン!
タン!
タン!

はじめてのファストフード

ポテト、ハンバーガーを研究したい。

私は赤さん。
私は初めてファストフードのお店に来た。
父はここのフニャフニャポテトに目がないらしい。
Lでー!
久しぶりにたべたくなった〜
最近、食卓を見たくて仕方ない。こういう時は…
あ、置かれた…。
ぐずるようにしている。
ンバー
おお父のひざに来たいのかい?
フフフ、成功である。
ほーこれがポテト、ハンバーガーと呼ばれるものか。
どれどれ
あついし!
あ!ダメよまだ歯がないし
く、くやしい。なぜオモチャは許されるのに、これは研究できないのだ。
うーん、んじゃこれならいいか?
はいどうぞ!
紙かいっ!!
ビリ
フン!!
こんなもんおもしろくもなんともないのである!!
ご立腹…

魔法陣

手が届く範囲に置かれたオモチャたち。

私は赤さん。
キリッ!
私は最近、早朝眠くない。
母は疲れてしまい、父がバトンタッチしたようだ。
よし
よーし
父は朝に仕事をしたいらしくできればだっこはしたくないらしい。
よーし はい置くよう
そういう時はー
ムスッ
嫌な顔をするようにしている。
ええダメ? だって貴重な朝時間なんだもん
スリスリ
エ゛オ゛ー
だとしてもだっこしてほしいのだ。
んじゃこれでどう!?
バババババ
ん?
手が届く範囲に置かれたオモチャたち
フー
あそんでてネ
まるで魔法陣…。
一体、何が召喚されるのか…。
これでちょっとはもつかな〜
なんでもいいが、早くだっこして欲しいものである。

とろけるせんべい

消えた…!?

私は赤さん。
私は生まれて初めてこのカリカリしたものを食べる。
よし、プニプニくんいくぞ。
よしよし。
ガシ!
う、うまく口に入らんぞ…
ムムム。
スカ
スカ
じー
よし入った!
モギュ
モギュ
なんと、口の中でやわらかくなったぞ!!
お、おいしい!?
ゴクリ。
ベロベロベロ
うん
うん
ベロベロ
ベロベロ
あれ?
あれ??
せんべいとやらが急になくなった!!!
なんと!! プニプニくんは、せんべいを一瞬で消すこともできるのか。
溶けて手にくっついてるだけ
プニプニくんにはいつも驚かされるのである…。

ディナー①

タイミングを見極めるべし。

私は赤さん。
これからディナーである。
今日は、ごはんとシラスとほうれん草と大根。
ウム
うまい
ごはんには、カツオだしが入っていて、これがなかなかイケる。
私はまだプニプニくんをうまく動かせないので、親が食べ物を入れてくれる。
あーん
もぐもぐ。
あ〜ん
ひょい
ゴクリ。
もぐもぐ。
ゴクリ。
フー
みたされてきた…
あ〜
あ、あくび出そう
ズボッ
おお! いいお口! はいどうぞ!
オエ
ゲホ
ゲホ
あ
スマン…
これはあくびである。
ハッ
ハッ
ぶっしゃん!!!
これは、くしゃみである
タイミングを見極めてほしいものである!

私は悪くない

姉が悪いと思うのだ。

イタタタ
イダダタタタタタタ
イッテェ〜〜
私は赤さん。
私は今、おっぱいをのんでいるが…
母には申し訳ないが思いっきり噛んでしまった。
でも…
イテテテ
ヒー
ムリムリ…!
私は悪くない。姉が悪いと思うのだ。
ギュイーン
あはははは
ラジコン爆走。
驚いて噛んでしまったのだ。
ワナワナ
お姉ちゃん、ちょっと隣の部屋でやってくれ…!!
ハーイ
三秒後。
ドゥイーン!!
このままでは噛みちぎってしまいそうである!

初めての果物

ちょっとやそっとじゃ驚きませんよ。

私は赤さん。
私は今、食事中である。
今日は、はじめて果物と言う食物を食べるらしい。
母からはいしゃくしたスプーン
野菜とちがって甘くておいしいよ。
舌の肥えたグルメっ子な私。
ちょっとやそっとじゃ驚きませんよ。
フム。
どれ、食べてみるとするか。
あーん
パクッ
パラリ
ヒラリ
ヒラ
な、なんということだ!!
これは!!
口の中に広がる、
甘美でファビュラスな世界。
今まで生きてきて初めて味わう感覚♡
もっと!!
気に入ったのネ!
アーン!
うまい
うまい!

南海キャンディーズ

山里亮太さんと uwabamiの 赤さん対談❷

対談は盛り上がりながら後半へ。山里さんの幼少期についても!

夜泣きのときは起きているけど、起きているだけ?

山里：我が子のことでいうと、生まれる前に本で「夜泣きって、お母さんは泣き声に気付いて起きるけどお父さんは起きない」って読んで知っていたから、絶対起きようと決めていて。でも実際は、起きるは起きるんだけど、起きてただ見てるだけっていう。より一層申し訳ないということになっていたのを思い出しました……。

父：わかります。やりようがない。まさに、昨日も夜泣いてて、ぼくは起きて何していいかわからず、とりあえず正座してるだけ、みたいな。

山里：一応起きてるだけでノルマ達成みたいになっちゃってて情けないというか。ちょっと水持ってきたりとかくらいしかできなくて……。「寝ていいよ」とか言われて、「いや大丈夫、大丈夫」って言うんだけど大丈夫じゃないんだよっていうね……。あれ、なんなんすかね?

母：ふふふ。でも、私はそれだけでも、お母さんはすごくうれしいと思います。ただ、いびきかいて寝てるお父さんより、ちょっとでも起きて何かしようとしてくれているんだって、わかるだけで私はうれしかったです。一応いてくれる安心感とか。

父：そうか、それでもいいんだね。

子どもができると人間関係の幅も広がる

山里：子どもができると人間関係の幅も広がりますよね。今までだったら、近所の人に会ってもそんなに話し込まなかったですけど、すっかり変わりました。今日だって、ぼくら初対面でこれだけ話せるの、すごいですよね。

父：確かに。それは本当に感じます。

山里：近所の子どもがあそびに来たときには、接待テレビゲームとかしますもん。いい感じにわざと負けたりして。子どもを中心に、しゃべること、やることが増えていくから楽しいですよね。

父：確かに！　子どもが生まれて、本当に世界が広がりました。

母からは全肯定

父：山里さんの幼少期のお話もうかがって良いですか？

山里：ぼくは、兄がいて二人目なんで甘やかされているんですよね。父からは叱られることもありましたけど、母からは全肯定で生きてきたんですよ。

例えば、子どものころ、すごいうそつきで、小学校の先生からうそつきは良くないってことで、母親が呼び出されたんです。その時に母が「うそってめちゃくちゃ知恵がいることで、すごい賢いなあと思って聞いているんですけど、今日ってそれが問題で呼ばれているんですか？　ちょっと

初対面なのに、この和やかさ！

ごめんなさい。何が問題かわかんないです」って言ったんですよね。すごいよね。帰り道でも「何で呼び出されたのかわかんないね。すごいんだよ、うそつくって頭使うんだから。人を傷付けちゃダメだけどね」って。

“赤さん目線で考えたら叱り方の正解出てくるのかな”

山里：実はぼく、どうやって叱ったらいいのか全くわからないんです。「叱ってあげることも大事だからね」って奥さんに言われて、叱ろうと思うんですけど、ただただ低い声で名前を呼ぶだけっていうね……。叱れない。ぎりぎり、注意はできるんですけど。例えばテレビの近くに行ったとき、「目、疲れちゃうよ」って言うんですけど、赤ちゃん的には、この理屈たぶんわからないですよね。「疲れ目」って……！

母：あ、でもうちも「目、疲れちゃうよ」って言う気がします。（笑）

山里：叱り方、ほんと上手になりたいんだよなあ。でもこの本を読んで、叱り方とかって赤さんの目線で考えたら正解出てくるのかなって思いました。親の理屈に基づいた叱り方って、赤さんからだと全然わからないだろうなって。

父：本当ですね。ああ、でも、どうしたらいいんですかね？

山里：それを、ここからまた赤さんを通して描いていっていただきたいです！　ぼくらのミスを全部赤さんにつっこんでほしい。

父母：了解です！（笑）

“唯一無二の目線”

山里：また少し話が戻るんだけど、優等生的な育児書って、読んでいて辛くなりませんか。「そうかもしれないけど、そんなことできない」っていうことが書いてあったりして。もちろん情報としてはありがたいんですけど、そればっかりだと疲れちゃう。それに対してこの本は、赤さんの目線で、赤さんの心の声を妄想で聞くってシステムが、唯一無二なんじゃないかな？

父母：え！　うれしいです。ありがとうございます。

山里：まだこれからも、続編があるわけですもんね。

父：はい、今もずんずん描いてます。お姉ちゃんとの関係が出てきたりもするんで、それもまた描いていっています。

山里：楽しみにしてますね！

父母：ありがとうございます！　楽しく頑張ります。

2024年12月・都内某所にて

みんなでならんで、パチリ！

父
（36歳）
山里さん
（47歳）
母
（39歳）
赤さん
（1歳）
姉
（4歳）

山里さんと父は、お誕生日が一緒！
山里さんの奥さんと母は、年齢が一緒！
偶然ですが、素敵なご縁。

ふたつおり

うまく座ることができない。

私は赤さん。
コレぞふたつおりである
私はまだうまく座ることができない。
父がフォローしてくれるが
すぐぺちゃっとしてしまう。
そしてたまに吐いてしまう。
でちゃった!!
オヴェ
ヴ
他の子はもう動いたりしてるのに……
チェ
大丈夫大丈夫。
焦らなくていいよ。って母は言ってくれる……。
そうかもしれないが座れると目線が上がって楽しいのだ。
♪
しかし、疲れた。私にはまだ早いのか……。
でもいいのだー。
その分寝返りでぐんぐん移動!
ギュン
ギュン
こうして新しいものを発見するのである!

室内遊戯場

トモダチいっぱい!

私は、赤さん。
室内遊戯場に来た。
わ
トモダチいっぱい!
ここには、私と同じような赤子たちがたくさんいる。
モゾ
モゾ
転がる者。
コロン
つかまり立つ者。
オイショ
すわってる者。
ホゲェ~
私は満足に移動ができないので
その場で飛行機をたしなむ。
ブイーン
すると、ある赤子が寄ってきて
手を差しのべてきた。
ハロー
!
なるほど。これが友情というやつか、
私も何かせねば…。
サワサワ
ざっ
ホ!
ざっ
ふ~うまく自転できたぜ。
チョロいぜ
?
キラーン
これで、この赤子との関係はバッチグーなのである。

お座り

体の芯がしっかりしてきた!

私は、赤さん。
キリッ
理由は分からないが―
突然座れるようになってきた!
プリッ♡
シャキッと、おすわりできてスゴいねー!!
まぁ
児童館の先生もこう言ってくれる。
だろ
なんかこう、体に力が入るようになってきたというかー
ムキ
ムキ
芯がしっかりしてきた感じだ。
いいね~
座れると集中力もつくよね~
お父か
座り様も武士っぽくてかっこいいゾ~!!
ホクホク
それがし
…。
ア
ぶべら
フラリ
コロンとしてる姿はやっぱかわいいナ~
父よ。こういう時はまず子の身を案じて欲しいものである。

父の涙

父の胸にそっと寄り添う。

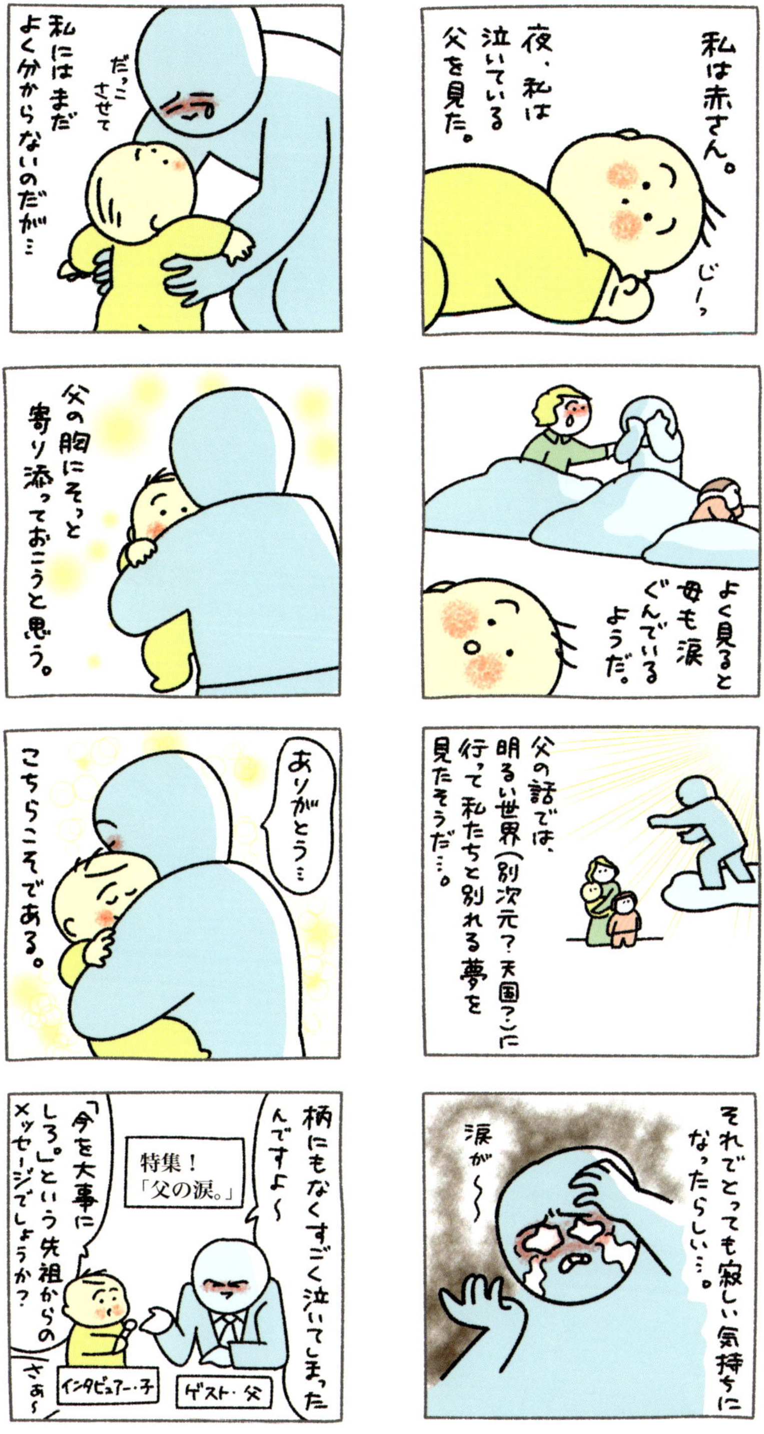

私は赤さん。
夜、私は泣いている父を見た。
じーっ
よく見ると母も涙ぐんでいるようだ。
父の話では、明るい世界(別次元？天国？)に行って私たちと別れる夢を見たそうだ…。
それでとっても寂しい気持ちになったらしい…。
涙が〜〜
だっこさせて
私にはまだよく分からないのだが…
父の胸にそっと寄り添っておこうと思う。
ありがとう…
こちらこそである。
柄にもなくすごく泣いてしまったんですよ〜
特集！「父の涙。」
「今を大事にしろ。」という先祖からのメッセージでしょうか？
さぁ〜
インタビュアー・子
ゲスト・父

恐怖のおかわり

せんべい束の圧がスゴイ…。

私は赤さん。
おねえちゃんあげる〜
今日は姉がせんべいをくれるようだ。
オォオウ
ゴンゴンゴンゴンゴン
あ、圧が…せんべい束の圧がスゴイ…。
さ、どれにする？
はい あ〜〜ん。
ハムハム
もぐもぐもぐ
はい
あ〜ん。
うお ハム はぐはぐ
たべた♡
ハイ あ〜ん!!
もぐ
はい。
あ〜〜〜ん。
遠慮したいものである。
姉よ、ちょっとは私の食のペースを考慮してほしいものである。
おかわりいる？

おかしな奴

なかなかいい動き。

私は赤さん。
散策中。
おかしな奴を見つけた。
頭はツンツン。
お手手はプニプニ。
モゾモゾ動き、
私のマネをする。
なんなんだコイツは…。
じー
しばらく隠れて…。
スッ
また見ると…。
!!
まだいる！ずっといる…!!
私のことがそんなに気になるのかー！
うーむ、では これはどうだ？ できるか？
わしゃわしゃわしゃしゃ
フム。
ニヤフ…。なかなかいい動き。
世の中にはいろいろな奴がいる。まだまだ侮れないのである。

パチパチ

いい音が出るのである。

私は赤さん。
プニプニくんを勢いよく打ちつけるのが楽しい。
うまくいくとー
♪パチパチ♪
いい音が出るのである。
あはははいいね〜
家族も喜んでくれる。
スゴイ
スゴイ
ホラ！もう一回やって〜!!
パチ
パチ
やっている所を見せられるとー
つられてやってみたくなるから不思議である。
オースゴイスゴイ
うげうげ
うげ
ハ、ハラヘッテきた…
あーホラホラ！
大丈夫大丈夫!!
パチパチしてみてホラ!!!
パチ…パチ…
そうそう上手ー!!
なんだか、ごまかされてるような、騙されてるような気がしたのである。

みんなと同じがいい

やった！　なんかうれしい！

私は赤さん。
私は今、家族と食卓を囲んでいる。
みんなにお皿…。
私には…？
弟くんすぐ落としちゃうからナー
でもこれならいいかな!!
ん？
はい、どうぞ！
プラスチックの皿
パチパチ
パチ
パチ
やった なんかうれしい
パチパチ
ムムム！
うまく取れん!!
ぐ
ぎゃん!!
は!! またやってしまった！
嬉しくてつい気持ちが先走ってしまった…。
う〜ん
テーブルマナーをマスターしたかっこいい大人になるには、まだ時間がかかりそうである。

いちご

おいしすぎて体が勝手に！

私は赤さん。
グルメっ子な私はちょっとやそっとでは驚きませんよ
今日は初めて「いちご」という果物を食す。
これがいちごね！
フム。
まっかでブツブツがたくさん、ずっと見てると吸い込まれそう…
絶対おいしいから食べてみて！
母がそこまで言うなら…
ウホ
ウホ
自力でがんばる。
うぅん
う…
とれ…
た!!
ハモ
ハモ
どれ。
パクリ
ブン！ブン！ブン!!
ブン
ブン
ブン
フーン
おいしかった!? もう1ついる？
おいしすぎて体が勝手に動く！細胞が喜んでいるようである！
パク
ブン
ブン
ブン

ハイテンション

我が家はごはんの時、テンション高め。

私は赤さん。
我が家のメンバーは、
ごはんの時、テンション高めである。
ウェ〜イ
ドコ
スコワイ
ワイ
というのも、最近私の気がよく散るので、
…。
何アレ
んー?
ごはんに集中させる作戦らしい…。
オオ
テンションが高いと、私もつられて
ヤッタ
たべてくれた
うやっほー!
柄にもなく拍手なぞしてしまう。
パチ
パチ
よしよし
ごっくん。
しかし、他のことに気が行きそうになると
チラ
ホラー
おいしょー
もう一口
いこー!
もうこれは、食べるしか選択肢がないのである。

魂抜かれる…

風邪の時のあれが好きではない。

私は赤さん。
あたたかくなってきたのに、私は風邪である。
こういう時は、父と母が鼻を吸ってくれる。
ケケケケ
ケケ
ケケケケ
吸ウゾ。
しかし、私はこれが好きではない。
ブー
ブー
魂を抜かれる感じがしてどうにも好きになれん。
私が好きではないことを、父・母は知っているのでー
ルンルーン
何もないかのように寄ってきて
はーい、弟くんねてぇ
シャ
シャ
シャ
ヴボ〜〜〜〜
ヴボボ
ボボボ
ボ!ボボ
ほら〜スッキリしたでしょ?
ね、やっといた方がいいでしょ?
確かにスッキリするがなんだか腑に落ちないのである。

寿司

のりと納豆のハーモニー。

私は赤さん。私は今、寿司屋と言われる店にいる。
おや、回ってない
シャ〜
寿司屋には来たが、果たして、私が食べることができる食べ物はあるのか、とりあえず、いつもたしなんでいるせんべいを与えられた。
はい、どうぞ。
フム。
姉がおいしそうに海の生き物を食べている…。
もぐ
うま
うま
素手で食べるとは、なかなか粋である
カリ
カリ
カリ
せっかく来たし、何かあげてみるか
納豆巻き食べてみる?
お
あ〜ん
はぐ
のりと納豆のハーモニー、やんごとなし。
おっとっと
思わず、口から出てしまった…!
これはこれでゆかいである。
ネ〜バ
ネ〜バ
わわわ! あそんじゃって納豆まみれ耳のうしろにもくっついてるー!!

遠いプニプニくんがんばれ

踏ん張ってみると、カッコつけることができる！

私は赤さん。
この世に生まれ三百日あまり経つが、改めて気がついたことがある。
プリ
遠いプニプニくんについてだ。
近いプニプニくんは、物を取ったり便利なのだがー
パン♡
ガシ
遠いプニプニくんたちは、
?
であった。
しかし、最近プニプニくんを床におろし、踏ん張ってみると
父・母・姉のように、カッコつけることができるのだ。
今日も児童館で試してみたが見事、先生方を沸かすことができた。
スゴーイ
ゴイス
プル
プル
プル
フッ。
これをマスターすれば、立派な大人へグッと近づくはずである!!
フラリ
少しずつがんばっていこうと思う。
さすがにつかれた〜

春キャベツ

よく、みがつまっているようだ。

私は赤さん。
いそがし
いそがし
一日で最も忙しい夕刻である。
タン
タン
母が私に得体の知れない塊を授けてくれた。
それで遊んでて!
えっ?
ナニコレ?
こ、これが春キャベツ。
何度か母に食べさせられた野菜である。
よくみがつまっているようだ。
フム。
タン
タン
ペロッ。
なんと!ある角度から力を入れると、キレイにめくれるようだ。
フムム
こりゃ楽しい。
それにしても…
春キャベツというのは、他の季節のものとちがってー
しっとりしていて、なんておいしそうなのだ。
これが、どんな料理になって食卓に並ぶのか今から楽しみである。
ムズかしい顔して何か考えてる…!
ブツ
ブツ

ミステリアスな部屋

探索中に見つけた気になる部屋。

私は赤さん。
探索中。
気になる部屋を見つけた。
き、気になりすぎる…。
私も行ってみようと思う。
ここは、私以外の家族が定期的に入る所らしい。
よく観察しているとー
あ〜弟くん行くの〜!?
もう少し大きくなってからかな
?
この部屋から出るとー
まにあった〜
スッキリしたりー
あ〜また行こうとしてる〜
やめて〜〜
いろいろさわるときたないからさ。
がんばれー
がんばれ〜
もうちょっと
応援されたりするようだ。
な、なぜなんだ!?
このミステリアスな部屋をこれからも調査していこうと思う。

チョンチョン

意思の疎通ができた！

ん？
私は赤さん。
そ～
父が指を差し出して来たので、
返してみると―
チョン
オオオオオ
スゲェ～
いしのそつうができた！
…。
なぜか大盛り上がりである…。
お姉ちゃんも～
姉も求めてきたので
やってみる。
チョン
オオオオオオ
母とも…。
チョン。
そして、父と姉もまた来て…
チョン
オオオオ
よく分からないが、めでたい家族である。

ディナー②

食事中に入るイス。

私は赤さん。
これからディナーである。
食事中、父と母は私をイスに入れる。
プシュ〜
はい！着陸。
この腰周りのガードで赤子が外に出るのを防いでるようだ。
…。
スリ
スリ
しかし、私くらいになると、
でちゃった
やや
そんな子ども騙しは効かない。
ガンガン出ていって、机の上の大人のおかずを貪ってやるのである。
あわわ
ダメか…
そうか！足がつくと出るから、足を置く台を外しちゃうのどう？？
ブン
ブン
なるほど！
フッ
なめられたものである。
プラーン
プラーン
そんな小細工私には無意味！
ワハハハ
ワハハハ
これからもどんどん大人の世界に切り込んでいこうと思う。

アコガレの箸

私もその棒がほしい。

私は赤さん。
また、食事タイムである。
一日に三回もあるのだ、正直めんどう。
仕方ないので家族を観察していると
じーっ
皆、棒のようなものを2本、持っている。
そして、各自のプニプニくんを操り、棒を動かして食べているようだ。
フムフム
実に器用。大したもんだ。
…。
私もその棒がほしい。
ジタバタ
ジタバタ
ジタバタ
ほしい
ほしい
ほしい
？
ふんぬ〜
うまく伝わらない…。
どうした？
全然分からん
あ、そっか、箸がほしいのね!?
はい どうぞ!!
ポン!
やった! やった! 伝わった!!
伝わることがこんなに気分がいいとは… これは、クセになりそうである。

おいで〜

父がとても楽しそう。

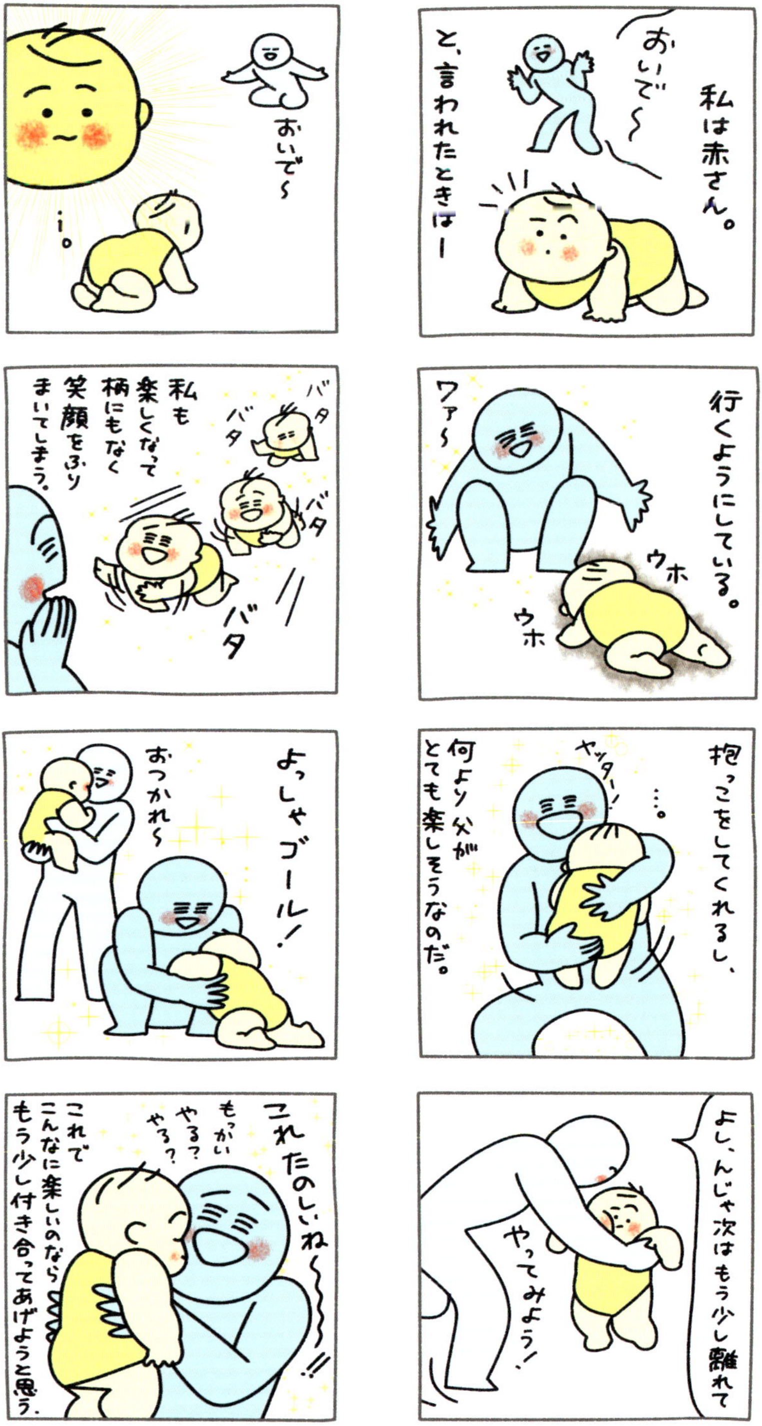
私は赤さん。
おいで〜
と、言われたときはー
行くようにしている。
ワァ〜
ウホ
ウホ
抱っこをしてくれるし、
ヤッター！
…。
何より父がとても楽しそうなのだ。
よし、んじゃ次はもう少し離れて
やってみよう！
おいで〜
…。
バタ
バタ
バタ
バタ
私も楽しくなって柄にもなく笑顔をふりまいてしまう。
よっしゃゴール！
おつかれ〜
これたのしいね〜〜〜!!
もっかいやる？やる？
これでこんなに楽しいのならもう少し付き合ってあげようと思う。

描きおろし

大人たちが寝静まった真夜中…。

続 ミルクショットバー BABY

子らが集まり夜な夜な語り合う大人禁制のオアシスがある。

登場人物

センパイ（いとこ）
常連客。物知りで鋭い観察眼の持ち主。オシャレ。いつも違う服を着ている。

エオちゃん（姉）
常連客。センパイと仲良し。ドレスは一枚しか持っておらず大切に着ている。

弟くん（赤さん）
最近通い始めた。大人への日々の悩みを相談しに来る。

マスター
ほとんどしゃべらないが、いるだけでなんかホッとする存在。

夜泣き

歌でもうたっているのかな？

あ゛
あ゛
ミルクショットバー BABY
あら弟くん声、ガサガサじゃない？
ゴホ
ゴホ
ジ゛ジ゛～
あ゛～～
あ゛～～
そ゛う゛な゛ん゛て゛す゛。夜寝る前はいつもどおりだったんですが…
なんでかしら？
朝起きたら、こんなんでした。
でもエオちゃんは普通よね…みんな一緒に寝てるんでしょ？
ですね。でも私もちょっと寝不足な気がしますね。
そういえば、
朝起きると母の様子がいつもとちがって…
オハヨ～
全然ねむれなかった…
って顔でした。
あら
疲労困ぱいだわ
ぼく、もしかしたら寝てる間に何かしてるかもです。
声が枯れてるってことは歌でもうたってるのかしら？
根っからのシンガーじゃない！これからが楽しみね！
あら！
ハイ！これからも夜、いっぱい練習します！

鼻吸い

確かにスッキリするけども…。

う〜ん
ぼく
わからないんです。
悩み多いわね
なぜ親はあんなに鼻をスッキリさせたがるのか…。
なんかあったの?
鼻水が出ているのを見つけると…
鼻
スッキリしようか
!
って言われるんです。
と、言ってもぼくの意見は通らないんです…
NO!
いやいや。やっとこね。
足で腕をおさえられ…
それでも動くと…
ヴボー
全身つかまり…
ガガガ
ガガガ
ガガガ
脳みそまで吸われそうで
正直おそろしいんですヨ。
ヴボ
でも確かに終わるとスッキリするのも事実で…
うーん。
すると…
ホラね
スッキリしたでしょ
ムギュ〜
なんか悔しい〜
あの勝ち誇った顔〜〜!!

予防接種

病院に行く時、親がよそよそしい。

なに?
そういえばこの前…よくわからないことがありました。
ある建物に行ったら小部屋に連れていかれて
何かチクッとされたんです。
チクッ
ん?
なに??
それは予防接種ね。あれすると大きい病気にならないらしいわ。
へー そうなんスかー
なつかしいわ
私、予防接種きらいでした。
そうなんだ
あら エオちゃん 意外だわ
注射もイヤですが、一番は病院に連れていかれる時の一
親の…
よそよそしさがなんかイヤでした。
わかるわ~ 妙な空気になるわよね
です! です!
行き先全然言わないし一
「大丈夫」連発するし…。
さ お出かけするゾ
どこに?
…。
!
それでももう分かっちゃうんです。
今日は「注射の日」だって…。
でもなんか悔しいので大泣きしてやるんです。
ぐおおおおおおお
何か爪痕を残す…。
さすが エオちゃん…

立った

大人の階段のぼってる。

センパーイ! お姉ちゃーん!
ぼく、ついに立てるようになりましたー!
ヨロ
ヨロ
やったネ!
確実に大人の階段のぼってるわね。
立ってみてどう?
なんかもう世界が変わった感じですね。
今まで見えなかった物が見えて、もう気になって気になって仕方ないです!
親も喜んでくれるのでついつい頻繁にやってます。
親への気配りすばらしいわ。
ヨロリ
喜ばれるとやってあげたくなるのよね。
ですね…私も小さい時、まだきちんと立てないのに、
お腹のプニプニを支えにして、
さも立っているかのようにしてー
喜ばせてあげてました。
たったー!
フッ
ほんと、エオちゃんのサービス精神は頭が下がるわ。

赤ちゃんがえり

上の子の苦悩。

カラン
カラーン
おかえりなさいマセ
ミルクショットバー BABY
エオちゃん、今日はめずらしくひとりねぇ。
ハイ…
あ〜私もハイハイしよっかナ〜
あらエオちゃん、今日はいつもとキャラがちがうわね。
私、ずっと自分でできることがカッコイイと思ってたんです。
トイレも、ごはんも、着がえも…。
でも…
弟くんは何もできないのに親がたくさん気にかけてて…。
なんか私、いろいろ考えちゃって…
なるほどネ。上の子の苦悩ってかんじネ。
エオちゃん…
今日は久しぶりに…
ミルクを思いっきりのまない??私も付き合うわ!!
セ、センパイ!
マスター!ミルク2つジョッキで!!

姉への愚痴

過保護すぎる気がする。

マスター…
ここだけの話聞いてくれますか？
コクッ
お姉ちゃんが…
過保護すぎる気がするんです。
だっこしてくれたり、
ふくをぬがせてくれたり
ミルクをのませてくれたり、
本当にやさしいお姉ちゃんだと思うんですが…
ぼくは、自分でいろいろやってみたいんです！
この前、姉の髪留めを見つけたんです。
おっ
キレイだったのでもっと細かい所まで見ようとしたら、
これね、やり方教えてあげる！かして！
パシ！
と、取り上げられたので
大人げないと思いつつ、つい思いっきり噛んでしまいました。
…。
イダイ～
イダイ～
ぼくって悪い子なのかな～。
う～ん
おごりです。
スッ！

おしまい！

プニプニくんのパワー

やる気がスゴイ！

私は赤さん。
最近プニプニくんたちのパワーをひしひしと感じる。
ムキ
ムキ
やる気がスゴいのである。
…。
イクゼ
おうよ！
台に上がることもできるし
イスに登ることもできる。
モゾモゾ
この前の児童館では、これに挑戦してみた。
いざ！
のし のし
のし のし
スッ
あわわわ
壮観だ。
生きててよかった。
すごい！すべってみようか!?
シュ〜
ヤッホ〜
なんだこれは!?
尻の肉がこすれてムズムズ！
ちょっとよく分からないのである！

9・10ケ月健診

医者と呼ばれる人物と。

私は赤さん。
次の方〜
9・10ケ月健診に行ってきた。
この医者と呼ばれる人物が
こんにちは
私の体を診てくれるらしい。
さ、お腹みるよ〜
…。
はい、口あけてネ
歯が生えてるね
次は、この積み木を持ってくれるかな？
どうぞ。
ホラ、大丈夫だよ もってみて
ムムム。
その手にはのらん。
これはきっと、何かの罠に違いない…。
だまされないぞ。
お、警戒してるナ

忍者

この忍者コゾウ！目が離せん！

私は赤さん。
キラ〜ン！
私は家族から「忍者」と呼ばれている。
机と椅子の狭い空間をかいくぐり、スルスルと移動する。
目標は椅子の上に立つことだ。
ムムム
しかし、今日はなかなか進まない。
どうやら父が机に椅子をギッチリ収納して、私が侵入するのを防いでいるようだ。
出られない！出られないのである!!
わ〜
あわわ、またやってんの!?
この忍者コゾウ！目が離せん!!
うわ〜
早く立派な大人になって椅子の上に立ちまくりたいのである！

くるくるチャイム

ずっとやってられるのである。

私は赤さん。
私は今、くるくるチャイムという玩具がたまらん。
カラフルなボールたちを頭の穴に入れると…
くるん
くるん
チン!
ワナワナ
バタバタ
た、たまらんのである。
バタ
ずっとやってられるのである。
そろそろかえりません?
ウホ
ウホ
ウホ
帰宅後、ランチ。
おにぎり召し上がれ〜
ん、これは?
まさか
シュン!!
ん?
スポッ
ギャ!!
我が家のくるくるチャイムは「チン!」ではなく「ギャ」のようである。
おにぎり

お花屋さん

姉のお花屋さんで働く。

私は赤さん。
私はこれから、姉のお花屋さんで働くらしい。
いらっしゃいませ~
今日はどうしますかーっ?
うーん花束下さーい
はい、分かりました。
姉は接客中である。
これがチューリップ…。
ポリポリ
振るとボインボインして、いとをかし。
造花
ブンブン
はいできました!
ありがとうございます!
ブンブン
あースイマセン、あのスタッフさんが荒れてますけど、お店大丈夫ですか
あ~気にしないで下さーい
いつもでーす!

日課

食卓の調査をする。

私は赤さん。
キラーン
私の朝の日課は、食卓を調査することだ。
ここでの大事なポイントはー
そろり
父と母に見つからないことだ。
ジュ〜
シャドウのごとく、そろりと机の下にもぐり込みー
セイ
机の下に収納されているイスにサッと登る。
うまくいった。さすが私。
プリ
フム。
今日の朝食は和食である。
魚…。
かわ…
しょっぱくて美味
レロレロレロ
ブン
ブン
次…
みそスープ
あ゛ー
いつのまに!!
ヒー
このイタズラ小ぼうず!
目が離せん!
無念!見つかってしまった…。また明日、トライしようと思う。
ヒョイ

サマータイム

夏目前、自主的に導入する。

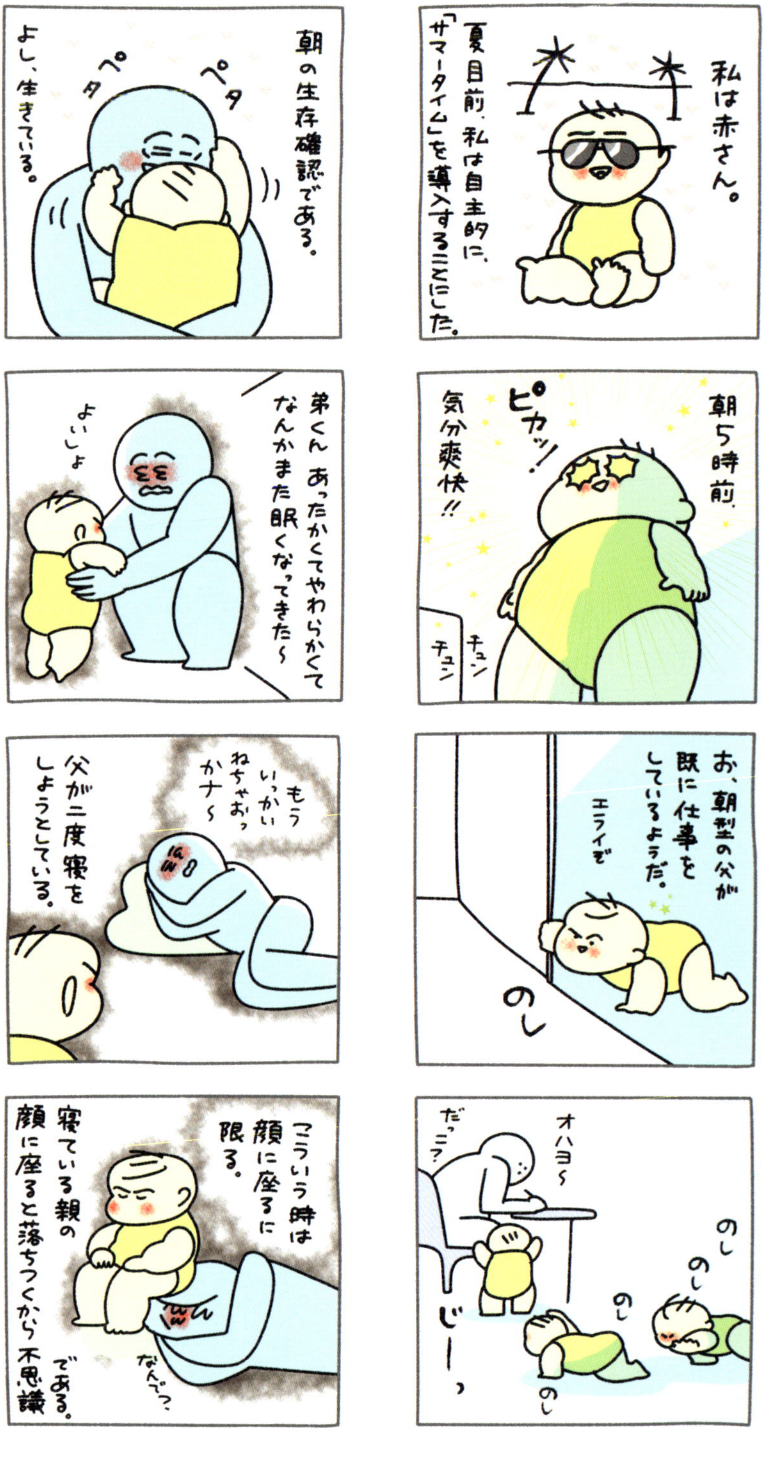

私は赤さん。
夏目前、私は自主的に「サマータイム」を導入することにした。
朝5時前。
ピカッ!
気分爽快!!
チュン
チュン
お、朝型の父が既に仕事をしているようだ。
エライぞ
のし
オハヨ〜
だっこ?
のし
のし
のし
じーっ
のし
朝の生存確認である。
ペタ
ペタ
よし、生きている。
弟くん あったかくてやわらかくてなんかまた眠くなってきた〜
よいしょ
父が二度寝をしようとしている。
もういっかいねちゃおっかナ〜
こういう時は顔に座るに限る。
寝ている親の顔に座ると落ちつくから不思議である。
なんで…

バナナ

あれが食べたい!!

私は赤さん。
あれが食べたい!!
しかし、私が使える言葉は―
「これ。」
「ハイ。」
「ばいばい。」
だけである。どうしたもんか…。
いみわからんけど
仕方がないので、この三つをフル活用してみる。
これぇ!
こりぇ!
これぇ!!
どした? 何か主張してるナ
お、父が反応したゾ
ハイ!ハイ!
これ? 水のみたい? ストローマグどうぞ〜
ちがうちがう。
パン!!
え、水じゃないの? じゃなんだ??
ハイ!ハイ!!
えっ? どれ? あ!パンか どうぞ!
なぜこんなに伝わらないのだ…
よし、まだ使ってない言葉を使ってみるか。
あ、
もしかして…
バナナか?
バイ バブ?
バナナじゃないのか…
スッ
バイ バブ!
バイバイ!
ダ――
言葉を操る立派な大人になってバナナをたらふく食べたいものである。

超能力

見ようとすると消える力。

私は赤さん。
うすうす勘づいてはいたがー
私には超能力があるらしい。
ハ〜
父の仕事机をのぞこうとすると
よっこらしょ
目の前の物が消えるのだ。
ササササ!
ホラね
ランチの時もー
食卓を見ようとよじ登ると、
よっこらしょ
ササササササッ
ランチが見事に消える。
やはり
しかも最近ではー
シュン!
気がつくと、隣の部屋に移動しているのだ。
今日のディナーは?
この力を極めて、偉大なる魔術師になろうと思う。
ブツブツ
フ〜
荒らされる前に連れてくのもう疲れた…

使命

今日もしっかりやり遂げた。

私は赤さん。
私の使命は、棚にある物を全て出し尽くすことである。
朝起きてー
ムム、今日もやるか。
ドカドカ
ドカ
今日もしっかりやり遂げた。
フ〜
キラーン
しかし、昼寝から目覚めると
な、なぜだ!! また、しまわれている!
なぜだ…
悩んでても仕方あるまい。
イザ!
ドカドカ
ドカドカ
早く大きくなって、棚の上の物を思いっきり出しまくりたいものである。
もうやめてくれ せっかくしまったのにー!!

グルメっ子

同じ献立は食べない。

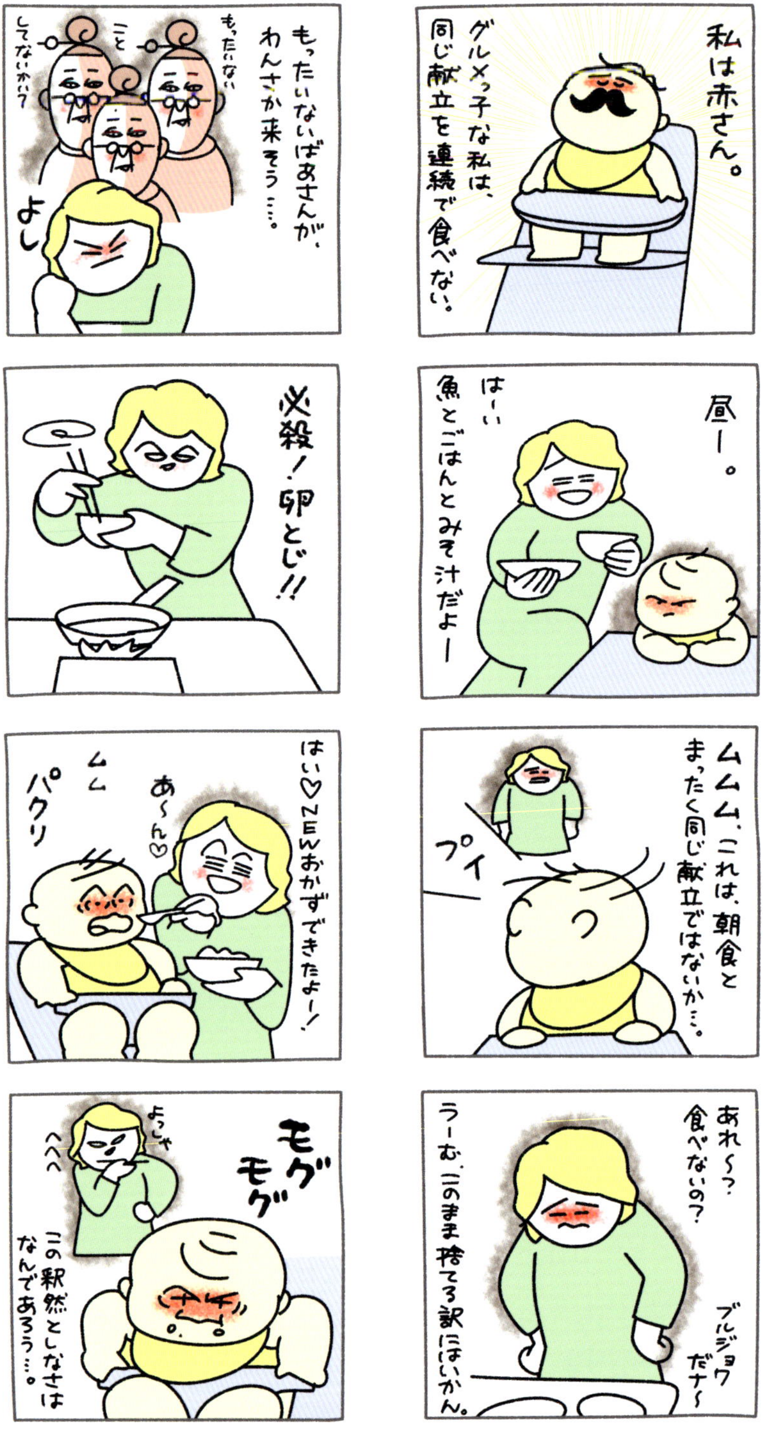

私は赤さん。
グルメっ子な私は、同じ献立を連続で食べない。
昼ー。
はーい 魚とごはんとみそ汁だよー
ムムム、これは、朝食とまったく同じ献立ではないか…。
プイ
あれ〜っ 食べないの?
うーむ、このまま捨てる訳にはいかん。
ブルジョワだナ〜
もったいないばあさんが、わんさか来そう…。
もったいないこと してないかい?
よし
必殺!卵とじ!!
はい♡NEWおかずできたよー!
あ〜ん♡
ムム
パクリ
モグモグ
よっしゃ
へへへ
この釈然としなさはなんであろう…。

やめられない

家族には申し訳ないが…。

私は赤さん。
家族には申し訳ないのだが…
自分でもやめられないのだ…。
姉が遊んでいるのを見ると、
ワナワナ
ノソノソ
ギュ
ギュウ
いたいー
全力でつねってしまうのだ…。
ヴくく
いたすぎる
また、むき出しの二の腕を見ると…
フンフフーン♪
ワナワナワナ
思わず思いっきり噛んでしまう。
ガブッ
ギュウ
少しずつ自分を制御していこうと思う。
イテェ そのうち肉もっていかれそう
7本目なかなか生えないね…

美しい玉

気になる！ 気になるゾ!!

私は赤さん。
私は今、姉の外遊びに付き合っている。
気がついたら、いなくなっている。
はて？
ムムッ
オ!!
気になる！
気になるゾ!!
なんだこの美しい玉は!!
またんか〜
フラフラ
オーイ
太陽の光があたりキラキラしているかと思えばー
ガン!!
世の中には、いろんなトラップがあるようだ。
これからも気を付けていこうと思う。

小さな箱

「いただきます」ポーズで集まっている。

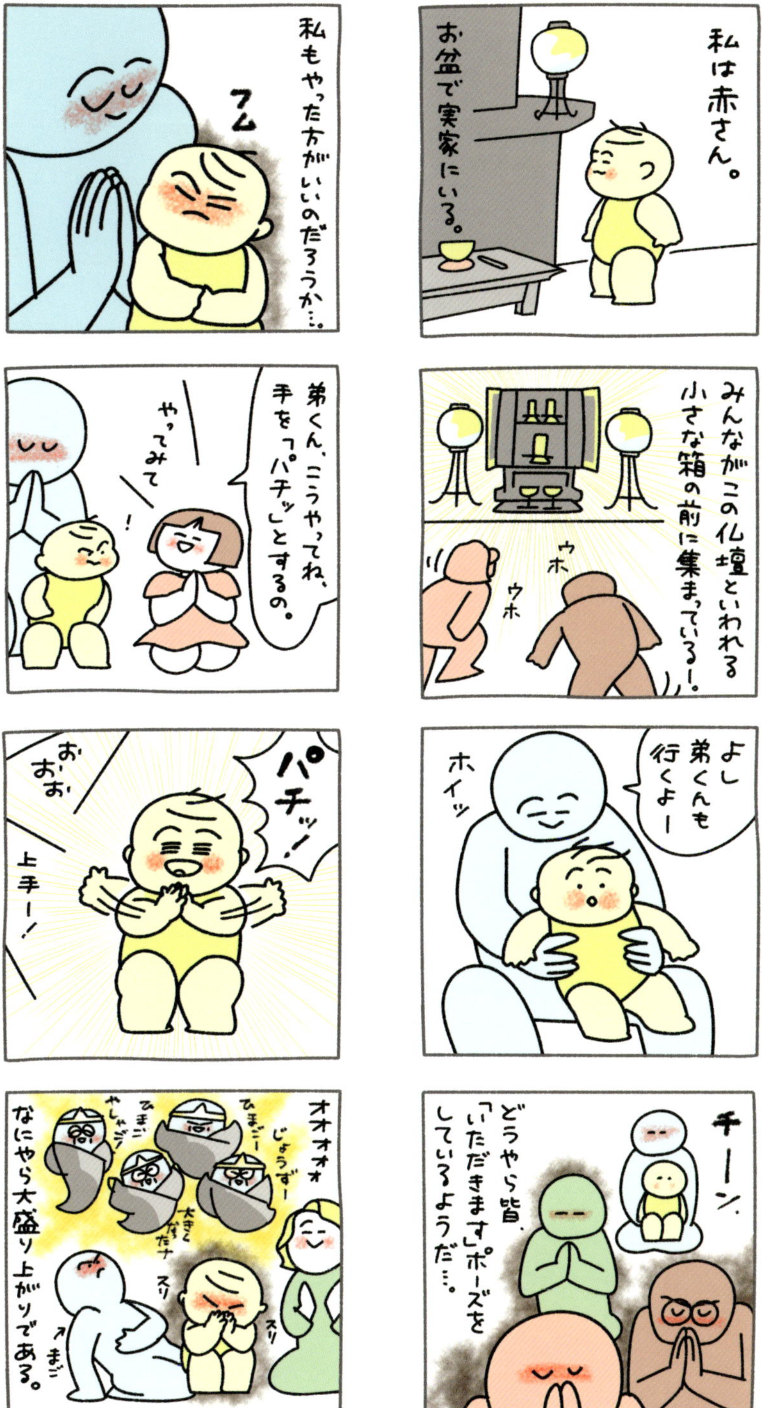

私は赤さん。
お盆で実家にいる。
みんながこの仏壇といわれる小さな箱の前に集まっている…。
ウホ
ウホ
よし弟くんも行くよー
ホイッ
チーン。
どうやら皆、「いただきます」ポーズをしているようだ…。
私もやった方がいいのだろうか…。
フム
弟くん、こうやってね、手を「パチッ」とするの。
やってみて
!
パチッ!!
おーおお
上手ー!
オオオオ
じょうずー
ひまごー
ひまごやしゃご!
大きくなったナ
スリ
スリ
まご
なにやら大盛り上がりである。

uwabami 質問コーナー

Instagramで募集した質問の中から父が答えるよ！

Q 「赤さん」は大きくなっても活動名（？）は「赤さん」なのでしょうか？

A 年齢が上がったら、「赤さん」から一体何になるのかな……？　程よいニックネームが見つかるといいのですが、まだ未定です！（笑）

Q 赤さんシリーズを描こうと思ったきっかけが知りたいです！

A 昔から、おもしろい動物やものを見たら、知らず知らずにアフレコみたいなことをやっていました。

奥さんと出会ってからも、やっぱりそれは続いてまして、自分の子が生まれ、何も喋らないのに何か考えてそうな顔を見ると、ついついアフレコしてしまい、そこから始まったような気がします！

Q 赤さんを見ていて、賢いなぁと思ったエピソードを教えてください。

A 賢いなぁと思うことはよくありますが、両親や姉の真似をするのが上手で日々感心してます！　先ほども自分でこぼした水を見て、一人で驚き、慌ててキッチンからタオルを取ってきて水を拭き、洗濯かごにタオルを入れて、「よし」と言ってました。（笑）

Q 赤さんの好きな絵本と、それをuwabamiさんがどんなふうに読み聞かせているか気になります。

A お姉ちゃんに読んでいると、赤さんが割り込んで入ってくるというのがほとんどで、どの本が好きなのかよく分かりません！（笑）

お姉ちゃんは割とどんなジャンルの絵本も楽しんでいて、図書館で毎回二十冊ぐらい借りてきて、ほぼ毎日読んでいます。

Q　日々怒っては自己嫌悪です。uwabamiさんは子どもに対してムキーッとなってしまうことはありますか？　気を付けていることや、心構え・対策などを教えてほしいです！

A　よくあります〜。ムキーッとなった時は、自分の感情で怒っていないか客観的に見ようと心がけています！（が、なかなかムズい……）
あと夫婦で子どもを叱ってしまうことがあり、「子どもの逃げ場がなくなるのはよくないよね」と話してます。日々悩み、いろいろ試しています！共に頑張りましょう！

Q　二人育児しながらの執筆、どのタイミングで作業されてるか知りたいです！　現在一人育児ですが、自分の作業する隙間が5ミリ程しか見つかりません……。

A　夫婦でお互いの仕事量を把握するようにして、忙しい方が時間を持てるようにしています。
ちなみに、僕は主に早朝に仕事をしております。この文章も朝の四時前に書いてますが、早朝は頭も冴えてて自分だけのミラクルスーパー集中タイム。プラスアルファでちょっといいコーヒーやスイーツを準備して作業してます。それが楽しみで早く起きられます！

Q　赤さんたちとの暮らしの中で、uwabamiさんが得た新能力があったら知りたいです。

A　子どもが生まれたことによって社会と繋がれたような気がします。（笑）元々アマノジャクな夫婦だったのですが、子どもが生まれていろんな人と話すきっかけが生まれたり、親の気持ちがわかったりして、今の時代を生きているんだなという実感を持てるようになりました。

Q　将来どんな風に育ってほしいですか？

A　人生を楽しんでほしいです。そのためには、何でも好奇心を持つことが大切だな〜と思ってます。大人になるとどんどん好奇心がなくなってしまうと思うのですが、何か少しでも興味を持ったことがあれば、それをフォローできるようにしたいと思ってます！

今日はここまで！
また会いましょう〜！

散髪デビュー

きられながらも、いろいろ気になる！

私は赤さん。
ポリポリ
散髪をするため、私は初めて、美容室とよばれる所に来た。
くるり
チョキチョキ
やたら、シャカシャカする布である。
はい きっていきますね～
じーっ
あ！
ウィーン
なんだあれは!! 人が寝ながら頭をもみもみされている！
ドゥ！
ドゥードゥー
（頭に怪しげな円ばん!!）
オットット！
シャンプーみたい？
気になる！ 気になる！
反対側きりたいので、イスを回しちゃいますね～
ちょ、ちょっと回しますね～
回しますね～
お！
くるくる
くるくる
くる
くる くる
くるくる
お!!
くるくる…

とある寿司屋

私くらいになると、どんな状況でも動揺しない。

私は赤さん。
さて
私は今、とある寿司屋にいる。
私くらいになるとー
フッ
お皿が回っていようがー
素早くスライドしようがまったく動揺しない。
フンッ
今日も父と母が私の好きなメニューを用意してくれた。
たまごやき
なっとう巻き
そうだそうだ！今日は茶碗蒸しも食べようかっ！
無論ー。
私くらいのツウになると、茶碗蒸しすらスタイリッシュに食す。
あ〜ん
パク…
あっっっっっ!!!!!!!
なんだこの尋常ではない熱さ!!
舌が燃えそうだっ。
ゼェ
ゼェ
あなどれん！

私は知っている

朝イチの私のミッション。

私は赤さん。
私は知っているー
朝、父は仕事しながらー
モグ
モグ
うま
うま
美味しい甘味を嗜んでいることを。
お、おはよー
ヨロ
ヨロ
朝イチの私のミッションはこの甘味をゲットすることである。
おっ
登ってきた
よし、
ここまでは順調である。
よじ
よじ
ほ〜 オレンジピールとは、
なかなかシャレたものを食しているではないか。
よし。
オレンジ
ササササ
おおお!
絵を描くの!? いいじゃーん!!
グリ
グリ
父のマネしてくれてるってこと?
嬉しいナ〜〜。
父はマネされるとガードが緩む。
じーっ
スッ
え、食べんのお?
まーいいか! どーぞ〜
チョロイゼ
モグ
モグ
オレンジ

おじぎ

どこでやっても百発百中！

私は赤さん。
私は「おじぎ」という作法に興味津々である。
ありがとうございます
どうぞ〜
じ〜っ
私の住んでいる日本ではこの「おじぎ」が重宝される。
マネしてみる。
ペコリ
オオオオオ
オオオオオオ
チラ
大ウケである。
ただ頭の角度を変えるだけでこの盛り上がりよう―
いろんな所で試してみよう。
何かヒミツがあるはず
児童館でも。
キャ♡
カワイイ
ペコリ
ワイワイ
道ばたのご高齢の方も
ペコス
おやま〜
百発百中である。
ここまで来ると気持ちよくなって連発！
ペコ
ペコ
ペコリ
ペコリ
時に合掌。
ガン
いてぇ〜
お辞儀をする時は、身近に危険物がないか確認したいものである。

コソコソ

父と母の様子がおかしい。

私は赤さん。
どうも父と母の様子がおかしい。
なんだかコソコソしているのだ。
コソ
コソ
近づいてみると…
シュ!
シャ!
不自然である。
フム
おかしい
すばやくよじ登ってみると—
きた!!
シュル
シュル
ムムム!
これは?
あっ、こ、これねっアイスだよ〜
う〜ん。弟くんにはちょっと早いかな〜。甘いし冷たいし—。
お腹こわしちゃうかもよ?
ホレ!豆乳クッキーどうよ!?スキなやつじゃん??
やっぱアイスが気になるかっ
仕方ないナ…
んじゃコレどうぞ
ぼう!
いらん!
シュ!
早く大人になってお腹を壊してみたいものである!

アーティスト

私のアート作品の数々。

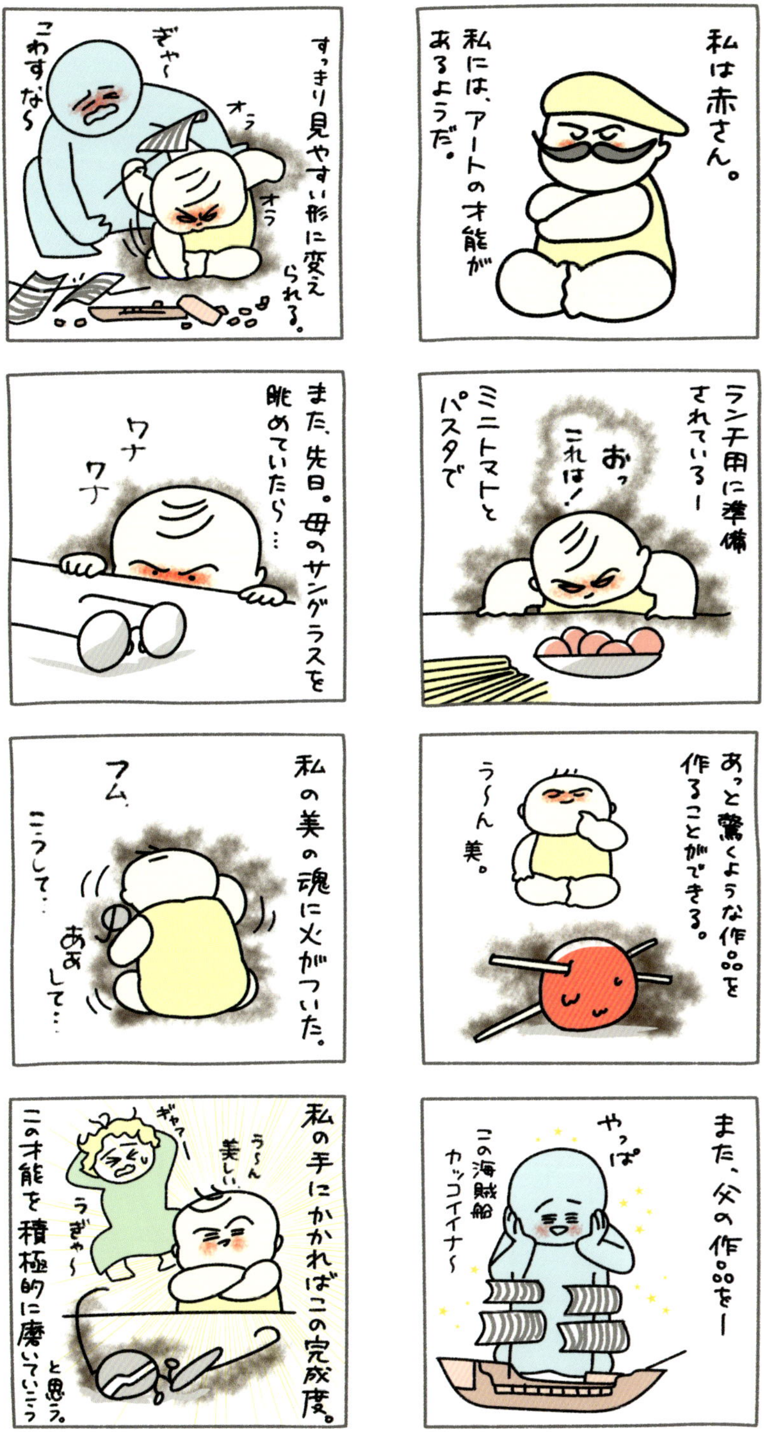

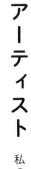

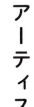

おわりに

最後まで『私は赤さん』を読んでくださり、誠にありがとうございました。この本を手に取ってもらえただけでも奇跡的なことなのに、最後まで読んでいただけてすごく光栄です。

　育児漫画を描き始めたのは上の子が生まれてからで、かれこれ四年近くになります。妊娠がわかって、子どもが生まれた後の生活を夫婦で妄想していたときに「育児漫画とか描くかもね」などと話していたのが今となっては懐かしい思い出です。いざ描き始めてみると、毎日がエピソードに溢れ、漫画にするのが追いつかない程でした。

　姉のエオちゃんが小さい頃の漫画は、日常を四コマに落としこんでいただけだったのですが、弟の赤さんの時は精神的に余裕（肉体的には忙殺）があり、いろんなことを試せるようになりました。その一つが、この『私は赤さん』という『吾輩は猫である』的視点の漫画でした。生まれたばかりの赤子はどこか宇宙人的、神的に人類を達観して見ている感があり、夫婦でもよく話題にして楽しんでいました。

　赤ちゃんが生まれると親の生活はガラッと変わり、今までできていたことが全くできなくなったり、心配事や、心を揺さぶられることが増えます。

　我が家だと、姉のエオちゃんは生まれてすぐに心臓の病気が判明し、生後三日で大手術をしました。病気がわかった時は、何が何だかわからずに時間だけがものすごいスピードで過ぎました。手術当日。生まれたばかりの小さすぎる、思い出を何も一緒に作れていない我が子を手術室に送り出し、祈ることしかできない新米両親二人は、病院の外のベンチで座って、ただひたすら待っていました。

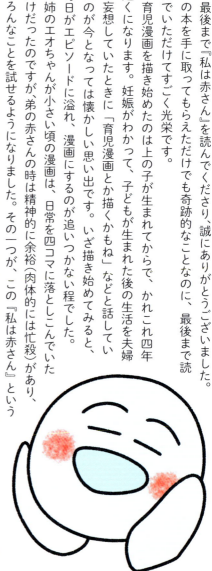

手術中の三時間は何もせず、景色をただ眺めたりしていました。だんだん頭の中がものすごくクリアになり、心が丸裸になっていくのを感じました。これからどんなことが起きても受け入れられる気持ちに自然となりました。

あの時の澄んだ気持ちとベンチから見た風景は一生忘れないと思います。

その後、手術をしてくれた敏腕イケメンドクターの「手術は成功しました」という言葉を聞いた途端、夫婦で泣きじゃくりまくったことも忘れられません。あんなに泣くことはあんまりないだろうな〜。

そんな人生観が変わる事件から始まった新米両親の生活ですが、その反動もあってか、日々の何気ない時間がとても大切に感じられました。その上、コロナ禍真っ最中でお仕事が激減。外出を控えるムードの中、逆に我が子とじっくり過ごせる貴重な時間をもらえた気がします。

その後、弟である赤さんが生まれたのはちょうどコロナ禍明け。三年間育児もしたし、仕事も何とかなってるし、もはや「何でもドーンと来い！」な気分で赤さんを迎え、このような漫画を描き続けることができました。

日々は本当に一瞬で、子どもの成長はとても早いなあと思います。それは時に楽しく、時に腹立たしいことの連続！　自分たちの視点で漫画に残すことでuwabami家の備忘録ができているような気がします。その記録がたくさんの方に共感してもらえたり、それを基に情報交換できたりするのは、興味深くありがたいです。これからも可能な限り我が家の記録漫画を残していくつもりですので、今後ともどうぞよろしくお願いいたします！

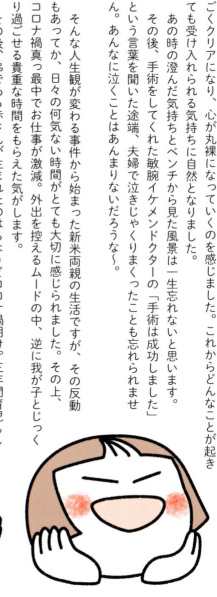

私は赤さん

2025年3月11日　第１刷発行

著…………uwabami
装丁………有泉武己
ＤＴＰ……ゴボウ
編集協力…今井美栄子・林　彩子・設楽　咲
撮影………おやま めぐみ
発行人……川畑　勝
編集人……芳賀靖彦
編集………田中百合
発行所……株式会社Gakken
〒141-8416 東京都品川区西五反田2-11-8
印刷所……TOPPANクロレ株式会社

●この本に関する各種お問い合わせ先
本の内容については、下記サイトのお問い合わせフォームよりお願いします。
https://www.corp-gakken.co.jp/contact/
在庫については　Tel 03-6431-1250(販売部)
不良品(落丁、乱丁)については　Tel 0570-000577
学研業務センター　〒354-0045 埼玉県入間郡三芳町上富279-1
上記以外のお問い合わせは　Tel 0570-056-710(学研グループ総合案内)

学研グループの書籍・雑誌についての新刊情報・詳細情報は、
下記をご覧ください。
学研出版サイト　https://hon.gakken.jp/